영어 조기교육 프로그램

영어사전+한영사전+영어회화

영어 첫 사전

처음 영어를 배우는 어린이를 위한 책

지식서관

지금까지의 영어 교육은 오랫동안 영국식으로 발음을 가르쳐 왔기 때문에 현실과는 동떨어진 부분도 많았습니다. 최근에는 교육부에서 어린이 영어 교육에 대한 발음을 완전히 미국식으로 가르치고 있습니다. 21세기의 주인공들이 될 어린이들은 무엇보다 세계 무대에서 현실적으로 적응할 수 있는 정확한 발음을 익혀야 합니다.

예를 들면 **doll**[달], **stocking**[스타킹], **mountain**[마운튼], **university**[유너버서티], **ability**[어빌러티] 등을 예전에는 [돌], [스토킹], [마운틴], [유니버시티], [어빌리티] 등으로 틀리게 발음하였습니다. 즉, 이제는 [ɔ 오]를 [ɑ 아]로, [i 이]를 약한 [ə 어]로 발음해야 합니다.

그 외에도 이 책에서는 표기하기는 않았지만 실제로 미국 사람의 발음을 들어 보면 **t**를 **n**이나 **r**로 발음합니다.

예를 들면 **international**[인터내셔널]을 [이너내셔널], **computer**[컴퓨터]를 [컴퓨러]로, **water**[워터]를 [워러]로 발음합니다.

그리고 문장에서의 연음법을 알아야 합니다. 예를 들면 **What are you doing?**(왓 아 유 두잉)은 (워루유 두잉)으로 들립니다. 우리말에서 '오늘은'은 '오느른'으로, '경복궁'은 '경보꿍'으로 발음하는 것과 같은 이치입니다.

Mm
[em 엠]

밀크
milk
우유

Nn
[en 엔]

노우트북
notebook
공책

Oo
[ou 오우]

아울
owl
부엉이

Pp
[pi: 피]

펜슬
pencil
연필

Qq
[kju: 큐]

퀸
queen
여왕

Rr
[ɑ:r 아르]

로우즈
rose
장미

Ss
[es 에스]

썬
sun
해

Tt
[ti: 티]

트럭
truck
트럭

Uu
[ju: 유]

엄브렐러
umbrella
우산

Vv
[vi: 비]

바이얼린
violin
바이올린

Ww
[dʌ́blju: 더블유]

와취
watch
손목 시계

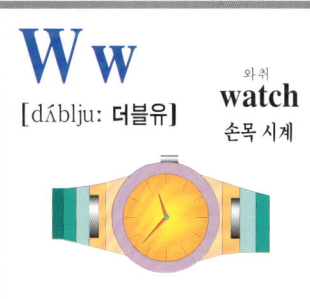

Xx
[eks 엑스]

자일러포운
xylophone
실로폰

Yy
[wai 와이]

얏
yacht
요트

Zz
[zi: 지]

지브러
zebra
얼룩말

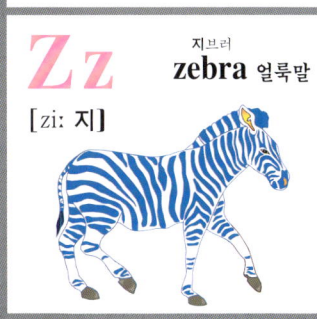

영어 첫 사전을 내면서

　영어는 전세계적으로 가장 많이 사용하는 언어입니다. 오늘날의 세계는 하나의 지구촌이라고 말하는 것처럼 각 나라가 아주 가깝게 살아가고 있습니다. 미국이나 일본, 영국, 유럽, 심지어 아프리카나 오스트레일리아 같은 먼 곳에서 일어난 일들도 곧바로 우리 나라에 전해집니다.
　영어는 국제 공용어로서 세계 모든 나라에서 통용되고 있으므로 빠르게 변해 가는 세계의 일들을 알기 위해서는 영어를 꼭 배워야 합니다.
　이제 초등 학교 교과 과정에 영어를 포함시킨 것은 매우 잘된 일이라고 생각합니다. 초등 학교 어린이들은 성장 과정으로 보아 언어를 배우고 익히기에 가장 좋은 시기입니다. 13세가 지나면 혀의 구조상 발음 교정을 하기가 거의 불가능하기 때문입니다.
　초등 학교에서의 영어 교육은 어린이 스스로에게 자신감을 심어 주는 것이 중요합니다. 그러기 위해서는 그림을 이용하여 친숙하게 배울 수 있도록 해야 합니다.
　이 사전에서는 어린이들이 영어에 흥미를 갖고 학습할 수 있도록 각 낱말마다 그림을 하나씩 곁들여 넣었기 때문에 그림을 연상하면 저절로 영어 단어가 외위지게 됩니다. 그리고 단어와 함께 나오는 예문은 현재 미국에서 쓰이고 있는 살아 있는 영회화로서 한 마디도 놓칠 수 없는 중요한 내용이 실려 있습니다. 단어를 외울 때 문장으로 외워야 잘 잊혀지지 않습니다. 단어와 영회화 공부를 함께 하세요.
　또한 유치원에 다니는 어린이나 유아들은 그림을 보면서 낱말 공부도 아울러 할 수 있습니다.

차 례

A	10	H	95	O	148	V	227
B	19	I	106	P	153	W	234
C	37	J	111	Q	166	X	245
D	56	K	115	R	167	Y	246
E	67	L	119	S	175	Z	249
F	73	M	129	T	208		
G	89	N	142	U	224		

특별부록 ❶ 생활 영어 *254* ❷ 가장 많이 쓰이는 회화 *291*
❸ 한영 사전(찾아 보기) *298*

일러두기

♠이 사전에서는 영어를 처음 배우는 어린이들을 위하여 영어의 발음을 한글로 표기하였습니다. 그러나 국제 발음 기호도 함께 수록하였기 때문에, 부모님이나 선생님께서는 어린이들이 영어의 발음을 정확히 하도록 도와 줄 수 있습니다. 다행스럽게도 우리말은 영어의 모든 말을 대부분 정확하게 표현할 수 있습니다. 하지만 한글 발음에만 의존하지 말고 발음 기호를 보고 읽을 수 있도록 학습해야 합니다.

♠굵은 글자로 쓴 영어 발음은 강하게 발음해야 합니다.

♠특별 부록으로, 뒷부분에 생활 영어와 가장 많이 쓰이는 회화를 수록하였으므로 영어 회화도 같이 익힐 수 있습니다. 또한 표제어의 영어 단어를 한글로도 찾아볼 수 있도록 간단한 한영 사전도 만들어 놓았습니다. 영어 단어를 얼마나 외웠는지 테스트하는 데도 한 몫을 할 것입니다.

♠교육부에서 선정한 초등 학생용 800단어는 빨간색으로 하였습니다.

발음 기호 배우기

모 음		자 음	
발음 기호	사용 예	발음 기호	사용 예
[ɑ 아]	hot [hɑt 핫]	[b 브, ㅂ]	boy [bɔi 보이]
[ɑː 아-]	arm [ɑːrm 아-암]	[d 드, ㄷ]	desk [desk 데스크]
[æ 애]	bag [bæg 백]	[f 프, ㅍ]	film [film 필름]
[e 에]	egg [eg 에그]	[g 그, ㄱ]	gas [gæs 개스]
[ɔ 오-]	all [ɔːl 오-올]	[h 흐, ㅎ]	hand [hænd 핸드]
[u 우]	good [gud 굿]	[j 이]	yes [jes 예스]
[uː 우-]	blue [bluː 블루-]	[k 크, ㅋ]	kick [kik 킥]
[ʌ 어]	sun [sʌn 썬]	[l ㄹ]	line [lain 라인]
[ə 어]	ear [iər 이어]	[m 므, ㅁ]	milk [milk 밀크]
	from [frəm 프럼]	[n 느, ㄴ]	name [neim 네임]
[i 이]	give [giv 기브]	[p 프, ㅍ]	pen [pen 펜]
[iː 이-]	key [kiː 키-]	[r ㄹ]	red [red 레드]
[əːr 어-]	girl [gəːrl 거-얼]	[s 스, ㅅ]	sky [skai 스카이]
[ɔːr 오-]	corn [kɔːrn 코-온]	[t 트, ㅌ]	tell [tel 텔]
[ɑːr 아-]	dark [dɑːrk 다-크]	[v 브, ㅂ]	very [véri 베리]
[au 아우]	cow [kau 카우]	[w 우]	wind [wind 윈드]
[ai 아이]	cry [krai 크라이]	[z 즈]	zoo [zuː 주-]
[ɛər 에어]	chair [tʃɛər 췌어]	[θ 쓰]	bath [bæθ 배쓰]
[ei 에이]	age [eidʒ 에이지]	[ð 드]	this [ðis 디스]
[ou 오우]	coat [kout 코우트]	[ʃ 쉬]	dish [diʃ 디쉬]
[ɔi 오이]	boy [bɔi 보이]	[ʒ 지]	vision [víʒən 비전]
[uər 우어]	poor [puər 푸어]	[dʒ 지]	large [lɑːrdʒ 라-지]
[iər 이어]	ear [iər 이어]	[tʃ 취]	child [tʃaild 촤일드]
		[ŋ 응, ㅇ]	song [sɔŋ 쏭]

(나인) nine 9

A

[ei 에이]

A a

apple

a [ə 어, ei 에이(강조할 때)]

뜻 하나의(한 명의, 한 개의, 한 마리의, 한 권의)

히 킵스 어 독
He keeps a dog.
그는 한 마리의 개를 기르고 있어요.

언 애플
an apple
사과 한 개

참고 a 뒤에 모음이 오면
an [ən 언]을 씁니다.

about [əbáut 어바우트]

뜻 …에 대해서

텔 미 어바우트 유어 패밀리
Tell me about your family
당신의 가족에 대해서 말해 주세요.

패밀리
family
가족

across

[əkrɔ́(ː)s 어크로스]

뜻 …을 가로질러, 저쪽편에

어 보이 이즈 러닝 어크로스 더 스트리트
A boy is running across the street.
한 소년이 거리를 가로질러 달리고 있어요.

act [ækt 액트]

뜻 행동(하다), 연기하다

액터
actor
배우

address
[ədrés 어드레스]

뜻 주소, 보내는 곳

엔빌로우프
envelope
봉투

afraid
[əfréid 어프레이드]

뜻 무서워하여, 걱정하여

돈(트) 비 어프레이드
Don't be afraid.
무서워하지 마세요.

고우스트
ghost
유령

after [ǽftər 애프터]

뜻 …의 뒤에, …을 뒤쫓아

afternoon

afternoon [æftərnúːn 애프터눈]

뜻 오후

Good afternoon.
안녕하세요?(오후 인사)

again [əgén 어겐]

뜻 다시, 또

See you again.
또 만나요. 안녕!(헤어질 때 하는 인사말)

age [eidʒ 에이지]

뜻 나이

What is his age? 그는 몇 살입니까?

ago [əgóu 어고우]

뜻 …이전에

I met him two years ago.
나는 그를 2년 전에 만났어요.

all

a

air [ɛər 에어]

뜻 공기, 공중

에어 포스
air force 공군

airport
[ɛərpɔ́ːrt 에어포트]

뜻 공항, 비행장

album [ǽlbəm 앨범]

뜻 앨범, 사진첩

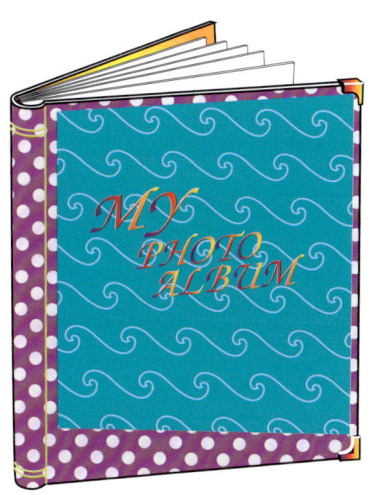

all [ɔːl 올]

뜻 전부의, 모든

올   라잇
All right. 그래, 좋아!

along

along [əlɔ́ːŋ 얼롱]

뜻 …을 따라서, …을 뒤좇아

Go along this street.
이 길을 따라가세요.

always [ɔ́ːlweiz 올웨이즈]

뜻 늘, 언제나

He always shouts.
그는 늘 고함을 쳐요.

among [əmʌ́ŋ 어멍]

뜻 …중에, …사이에

There was Tom among others.
다른 사람들 중에 탐도 있었어요.

and [ænd 앤드]

뜻 …와, 그리고

boy and pencil 소년과 연필

angry [ǽŋgri 앵그리]

뜻 성난, 화난

Don't get angry. 화내지 마세요.
(돈(트) 겟 앵그리)

animal [ǽnəməl 애너멀]

뜻 동물

참고 26, 27, 108, 176, 248쪽에 여러 종류의 동물이 있습니다.

answer [ǽnsər 앤써]

뜻 대답하다

Answer this question.
(앤써 디스 퀘스천)
이 질문에 답하세요.

any [éni 에니]

뜻 ① 무슨, 얼마, 누구
② 조금도(～않다)

Any boy can do it.
(에니 보이 캔 두 잇)
어떤 소년이라도 그것은 할 수 있어요.

apartment

a

apartment
[əpáːrtmənt 어파트먼트]
뜻 아파트

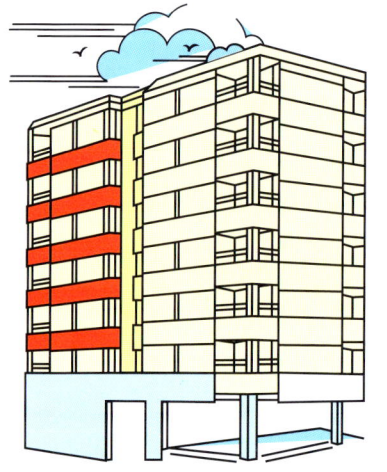

apple [ǽpl 애플]
뜻 사과

아이 라이크 애플즈
I like apples.
나는 사과를 좋아해요.

arm [aːrm 암]
뜻 팔

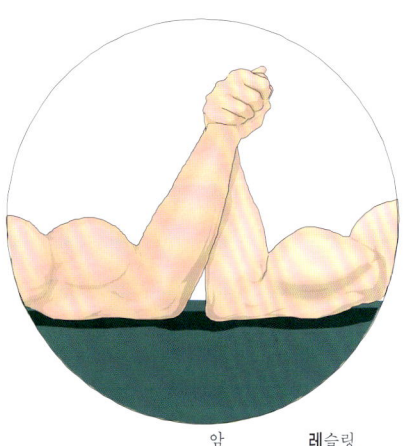

암   레슬링
arm wrestling
팔씨름

around
[əráund 어라운드]
뜻 빙둘러, 주위에

루크   어라운드
Look around. 주위를 둘러보세요.

ask

arrive
[əráiv 어라이브]

뜻 다다르다, 도착하다

He arrived in Seoul.
그는 서울에 도착했어요.

슬레드
sled
썰매

arrow
[ǽrou 애로우]

뜻 화살

as [æz 애즈]

뜻 …와 같이, …으로서

It's not so easy as you think.
네가 생각한 것처럼 그렇게 쉽지 않아.

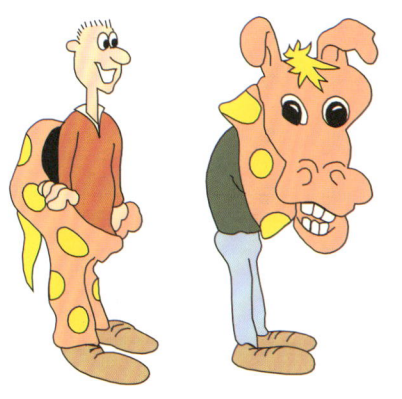

ask [æsk 애스크]

뜻 물어 보다, 청하다

I want to ask you something.
물어 볼 게 좀 있는데요.

(쎄븐틴) seventeen 17

at

a

at [æt 앳]

뜻 에서, 에

I go to school at eight.
나는 8시에 학교에 가요.

aunt [ænt 앤트]

뜻 아주머니

autumn [ɔ́:təm 오텀]

뜻 가을

참고 가을을 fall이라고도 합니다. (미국에서 많이 씀)

away [əwéi 어웨이]

뜻 ① 떨어져서, 멀리
② 되어 버리다, 없어져

Father is away from home.
아버지는 집에 안 계십니다.

bad

B b
[bi: 비]

banana

baby [béibi 베이비]
뜻 ① 갓난아기
② 아기 같은, 유치한
③ 작은 것

back [bæk 백]
뜻 등, 뒤

컴 백 앳 원스
Come back at once.
곧 돌아오세요.

bad [bæd 배드]
뜻 나쁜, 해로운

배드 해빗츠
bad habits 나쁜 버릇

bag

bag [bæg 백]
뜻 가방

왓 두 유 해브 인 유어 백
What do you have in your bag.
가방 속에 무엇이 들어 있나요?

ball [bɔːl 볼]
뜻 볼, 공

쓰로우 더 볼 투 미
Throw the ball to me.
공을 나에게 던져라.

balloon [bəlúːn 벌룬]
뜻 풍선, 기구

banana [bənǽnə 버내너]
뜻 바나나

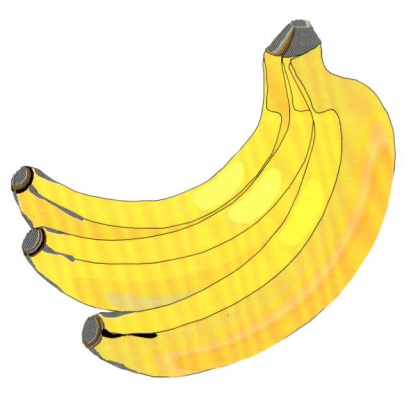

basket

band [bænd 밴드]

뜻 ① 띠, 끈
② 악대, 한 떼

bank [bæŋk 뱅크]

뜻 ① 은행
② 둑, 제방

b

baseball [béisbɔːl 베이스볼]

뜻 야구

basket [bǽskit 배스킷]

뜻 바구니

배스킷볼
basketball 농구

bat

bat [bæt 배트]
뜻 방망이

batter
타자

bath [bæθ 배쓰]
뜻 목욕탕, 목욕

아이 테이크 어 배쓰 에브리 데이
I take a bath every day.
나는 매일 목욕을 해요.

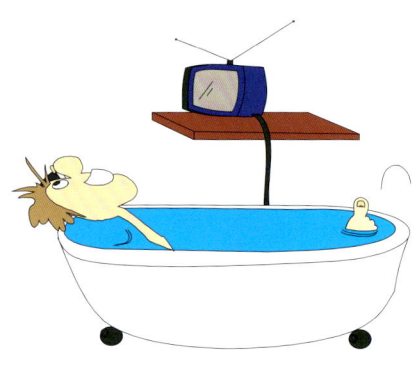

beach [biːtʃ 비취]
뜻 물가, 바닷가

bear [bɛər 베어]
뜻 ①곰
②(아기를) 낳다, (열매를) 맺다
③참다, 견디다

bed

beautiful
[bjú:təfəl 뷰터펄]

뜻 아름다운

쉬 이즈 어 뷰터펄 우먼
She is a beautiful woman.
그 여자는 미인이에요.

because
[bikɔ́z 비코즈]

뜻 왜냐 하면, …때문에

아이 캔트 고우 데어 비코즈 아임 비지
I can't go there because I'm busy.
바쁘기 때문에 갈 수 없어요.

become
[bikʌ́m 비컴]

뜻 …이 되다

잇 비케임 써니
It became sunny.
맑은 날이 되었다.

bed
[bed 베드]

뜻 침대, 잠자리

아이 고우 투 베드 앳 나인
I go to bed at nine.
나는 9시에 잡니다.

before

before [bifɔ́:r 비포]

뜻 …앞에, 하기 전에

에프터
after
뒤에 (반대말)

begin [bigín 비긴]

뜻 시작하다, 시작되다

비긴 투 파이트
begin to fight 싸우기 시작하다.

behind [biháind 비하인드]

뜻 …뒤에

비하인(드) 더 박스
behind the box 상자 뒤에

에프터
after
뒤에 (같은 말)

bell [bel 벨]

뜻 벨, 방울, 종

더   벨 이즈 링깅
The bell is ringing.
종이 울리고 있어요.

bicycle

below [bilóu 빌로우]

뜻 아래에, 아래쪽에

below the moon 달 아래에

bench [bentʃ 벤취]

뜻 벤치, 긴 의자

Please sit on the bench.
벤치에 앉으세요.

beside [bisáid 비싸이드]

뜻 …의 곁에

beside him 그의 곁에

between [bitwíːn 비튄]

뜻 …의 사이에

bicycle [báisikl 바이씨클]

뜻 자전거

Can you ride a bicycle?
자전거 탈 줄 아세요?

(트웬티 파이브) twenty-five 25

big

big [big 빅]
뜻 큰

어 빅 엘러펀트
a big elephant 큰 코끼리

bird [bəːrd 버드]
뜻 새

로우드러너
roadrunner
뻐꾸기

이글
eagle
독수리

펭귄
penguin
펭귄

펠러컨
pelican
사다새

덕
duck
오리

birthday [bə́ːrθdèi 버쓰데이]
뜻 생일

해피 버쓰데이 투 유
Happy birthday to you.
너의 생일을 축하해!

bite

스패로우
sparrow
참새

페전트
pheasant
꿩

피카크
peacock
공작

아울
owl
부엉이

구스
goose
거위

biscuit
[bískit 비스킷]

뜻 비스킷, 과자

bite [bait 바이트]

뜻 물다, 물어뜯다

black

black [blæk 블랙]

뜻 ① 검은(색)
② 어두운

블랙 펜슬즈
black pencils 검정색 연필들

blow [blou 블로우]

뜻 (바람이) 불다

잇 이즈 블로윙 하드
It is blowing hard.
바람이 심하게 불고 있어요.

blue [blu: 블루]

뜻 푸른, 파랑

블루 펜슬즈
blue pencils 파란색 연필들

board [bɔːrd 보드]

뜻 ① 판자, 게시판
② (배의) 갑판

블랙보드
blackboard
칠판

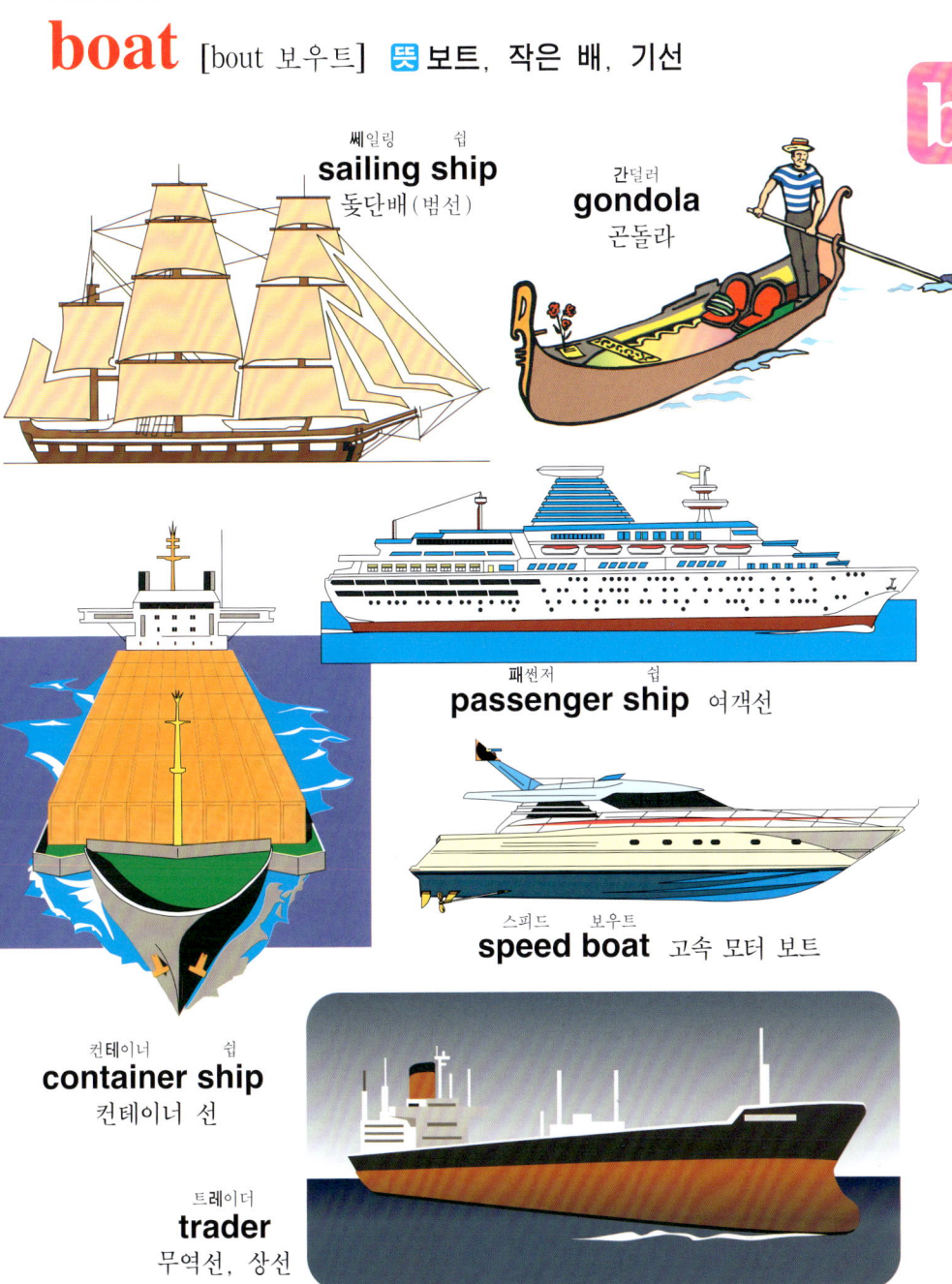

body

body [bádi 바디] 뜻 몸, 육체

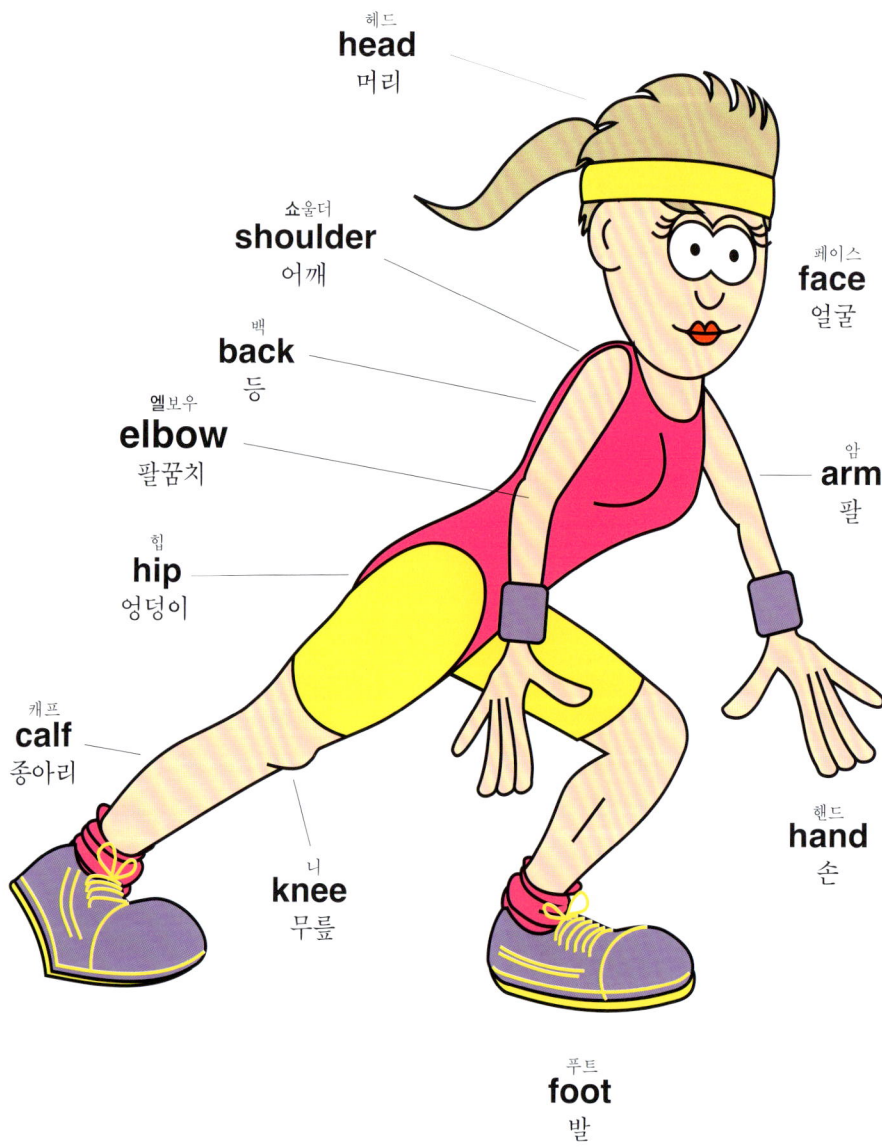

box

book [buk 북]

뜻 책

Open your book on page six.
오우픈 유어 북 온 페이지 씩스
책 6페이지를 펴세요.

bottle [bátl 바틀]

뜻 병

bowl [boul 보울]

뜻 사발, 주발

box [bɑks 박스]

뜻 상자

boy

boy [bɔi 보이]

뜻 소년

아이 앰 어 커리언 보이
I am a Korean boy.
나는 한국 소년입니다.

bread [bred 브레드]

뜻 빵

브레든버터 [brédnbÁtər]
bread and butter 버터 바른 빵

break [breik 브레이크]

뜻 깨뜨리다, 부수다

breakfast [brékfəst 브렉퍼스트]

뜻 아침 식사

왓 두 유 해브 퍼 브렉퍼스트
What do you have for breakfast.
당신은 아침 식사로 무엇을 먹습니까?

brother

bridge [bridʒ 브리지]
뜻 다리

고울든　게이트　브리지
Golden Gate Bridge
금문교(미국 샌프란시스코에 있는 강철로 만든 다리)

bright [brait 브라이트]
뜻 밝은, 빛나는, 영리한

bring [briŋ 브링]
뜻 가져오다, 데려오다

플리즈　브링　어　펜슬　투　미
Please bring a pencil to me.
연필을 가져오세요.

brother [brʌdər 브러더]
뜻 형제

brown [braun 브라운]
뜻 갈색의

brush [brʌʃ 브러쉬]
뜻 닦다, 솔, 붓

투쓰페이스트
toothpaste 치약

투쓰브러쉬
toothbrush 칫솔

build [bild 빌드]
뜻 세우다, 짓다

데이 아 빌딩 어 하우스
They are building a house.
그들은 집을 짓고 있어요.

burn [bəːrn 번]
뜻 불타다, 타다

디스 우드 번즈 이즐리
This wood burns easily.
이 나무는 불에 잘 탄다.

butter

bus [bʌs 버스]

뜻 버스, 합승 자동차

bus stop 버스 정류장
(버스 스탑)

busy [bízi 비지]

뜻 바쁜

I'm busy now. 나는 지금 바빠!
(아임 비지 나우)

but [bʌt 벗]

뜻 그러나, 그렇지만

I want to go, but I have to work.
(아이 원(트) 투 고우 벗 아이 해브 투 워크)
가고 싶지만 나는 일을 해야 돼.

butter [bʌ́tər 버터]

뜻 버터

We eat butter on bread.
(위 이트 버터 온 브레드)
우리들은 빵에 버터를 발라 먹어요.

(써티 파이브) thirty-five 35

button

button [bʌ́tn 버튼]
뜻 단추

buy [bai 바이]
뜻 사다

by [bai 바이]
뜻 …옆에, …을 지나서

바이 미
by me 내 옆에

bye [bai 바이]
뜻 안녕, 잘 있어

굿   바이   바이바이
Good bye. = Byebye.
안녕!, 잘 있어!, 잘 가!

call

C c [si: 씨]

cake [keik 케이크]
뜻 케이크, 과자

Do you like cake?
두 유 라이크 케이크
케이크를 좋아하세요?

cherry

calender [kǽləndər 캘린더]
뜻 달력

call [kɔːl 콜]
뜻 부르다

Call Chang-Soo.
콜 창 수
창수를 부르세요.

(써티 쎄븐)thirty-seven 37

camera

camera
[kǽmərə 캐머러]

뜻 카메라, 사진기

camp [kæmp 캠프]

뜻 캠프, 야영

레츠 고우 캠핑
Let's go camping. 캠핑을 가자.

텐트
tent
텐트, 천막

can [kæn 캔]

뜻 …할 수 있다

아이 캔 유즈 더 컴퓨터
I can use the computer.
나는 컴퓨터를 할 수 있어요.

candle [kǽndl 캔들]

뜻 양초

captain

candy [kǽndi 캔디]

뜻 캔디, 사탕 과자

cap [kæp 캡]

뜻 (테가 없는) 모자

테이크 오프 유어 캡
Take off your cap.
모자를 벗어라.

capital [kǽpitl 캐피틀]

뜻 서울, 수도

와싱턴 이즈 더 캐피틀 어브
Washington is the capital of
어메리커
America. 워싱턴은 미국의 수도이다.

와싱턴
Washington
워싱턴 (미국의 수도)

captain [kǽptin 캡틴]

뜻 ① 대장, 주장
　② 선장, 함장

car

car [kɑːr 카] 뜻 자동차

필리스 카
police car
경찰차

지프
jeep
지프

트럭
truck
트럭

더블 덱 버스
double-deck bus
이층 버스

파이어 트럭
fire truck
불자동차

car

레이스 카
race car
경주용 차

스포트 카
sport car
스포츠 카

앰뷸런스
ambulance
구급차

쿠페이
coupe
소형 승용차

하이웨이 버스
highway bus
고속 버스

card

card [kɑːr 카드]

뜻 카드, 명함, 트럼프

care [kɛər 케어]

뜻 ① 근심, 걱정
② 조심, 주의

테이크 굿   케어 어브 유어셀프
Take good care of youself.
몸조심 하세요.

carry [kǽri 캐리]

뜻 나르다, 가지고 가다

case [keis 케이스]

뜻 ① 상자
② 경우, 사정

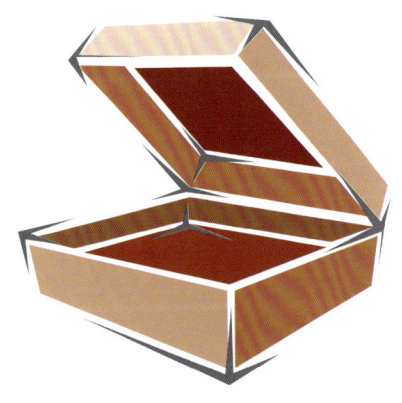

ceiling

cassette [kəsét 커세트]
뜻 카세트

cat [kæt 캣]
뜻 고양이

catch [kætʃ 캐취]
뜻 붙들다, 잡다

캐처
catcher
잡는 사람,
(야구의) 포수

ceiling [síːliŋ 씰링]
뜻 천장

룩 앳 더 씰링
Look at the ceiling.
천장을 보세요.

center

center [séntər 쎈터]

뜻 중앙, 중심

chair [tʃɛər 췌어]

뜻 의자, 걸상

He is sitting on the chair.
그는 의자에 앉아 있어요.

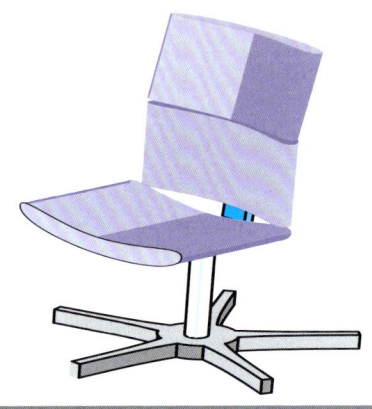

chance [tʃæns 챈스]

뜻 ①기회 ②가망

a capital chance 절호의 기회

cheap [tʃiːp 취프]

뜻 값이 싼, 가망 없는

expensive 값비싼(반대말)

cheese [tʃiːz 치즈]

뜻 치즈

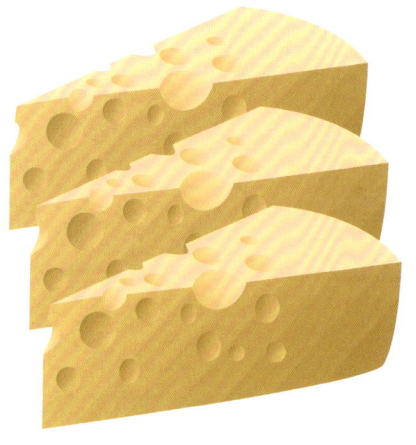

chicken [tʃíkən 치컨]

뜻 병아리, 닭

child [tʃaild 촤일드]

뜻 아이, 어린이

췰드런
children 어린이들 (복수)

chopstick [tʃápstik 챱스틱]

뜻 젓가락

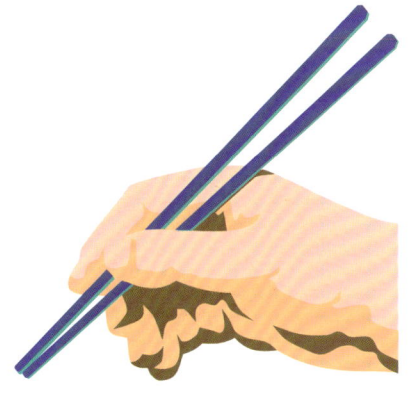

church

church [tʃəːrtʃ 춰취]

뜻 교회

아이 고우 투 춰취 온 썬데이
I go to church on Sunday.
나는 일요일에 교회를 갑니다.

circle [sə́ːrkl 써클]

뜻 원, 고리, 원을 그리다

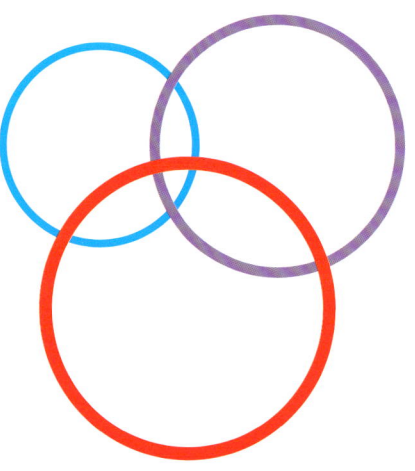

city [síti 씨티]

뜻 시, 도회지

서울 이즈 어 빅 씨티
Seoul is a big city.
서울은 큰 도시입니다.

class [klæs 클래스]

뜻 클라스, 학급

classmate
[klǽsméit 클래스메이트]

뜻 학급 친구, 동급생

close

clean [kliːn 클린]

뜻 깨끗한, 깨끗이

Mom is cleaning the room.
엄마는 방을 청소하고 계세요.

cleaning
청소, 세탁

climb [klaim 클라임]

뜻 오르다, 기어오르다

I can climb this mountain.
나는 이 산을 오를 수 있어요.

clock [klɑk 클락]

뜻 탁상 시계, 괘종 시계

There is a clock on the desk.
책상 위에 시계가 있어요.

close [klouz 클로우즈]

뜻 ① 닫다
② 끝나다, 끝내다

Please close the door.
문을 닫아 주세요.

fourty-seven 47

clothes

clothes [klouz 클로우즈, klouðz 클로우드즈] 뜻 옷, 의복

풋 온 유어 클로우즈
Put on your clothes.
옷을 입으세요.

재킷
jacket
재킷

드레스
dress
드레스

넥타이
necktie
넥타이

팬츠
pants
바지

베스트
vest
조끼

셔츠
shirt
셔츠

티셔츠
T-shirt
티셔츠

cloud [klaud 클라우드]

뜻 구름

Look at that clouds.
저 구름들을 보세요.

club [klʌb 클럽]

뜻 클럽, 부, 반

a book club 독서 클럽

coat [kout 코우트]

뜻 웃옷, 저고리, 외투

Take off your coat. 웃옷을 벗어라.

coffee [kɔːfi 코피]

뜻 커피

Will you have a cup of coffee?
커피 한 잔 드시겠어요?

coin [kɔin 코인]

뜻 동전, 화폐

cold [kould 코울드]

뜻 추운, 감기

잇 이즈 코울드　터데이
It is cold today. 오늘은 추워요.

color [kʌ́lər 컬러]　뜻 ①색깔, 색칠하다　②특색

옐로우	퍼플	블루	오린지	레드	그린
yellow	**purple**	**blue**	**orange**	**red**	**green**
노란색	자주색	파란색	오렌지색	빨간색	초록색

cool

come [kʌm 컴]

뜻 오다

Come back. 돌아오다.
컴   백

computer
[kəmpjú:tər 컴퓨터]

뜻 컴퓨터

cook [kuk 쿡]

뜻 요리하다, 요리사

She is a good cook.
쉬 이즈어 굿 쿡

그녀는 요리를 잘 합니다.

cool [ku:l 쿨]

뜻 시원한, 선선해지다

copy

copy [kápi 카피]

뜻 ① 베낀 것, 복사하다
② (책 등의) 한 권

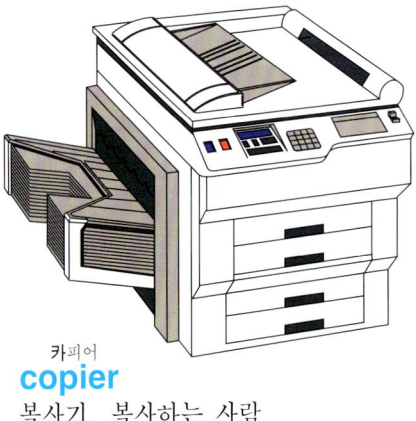

카피어
copier
복사기, 복사하는 사람

corn [kɔːrn 콘]

뜻 옥수수

corner [kɔ́ːrnər 코너]

뜻 모퉁이, 구석

count [kaunt 카운트]

뜻 세다, 계산하다, 계산

cover

country [kʌ́ntri 컨트리]

뜻 나라, 국가

어메리컨
American 미국인(의)

course [kɔːrs 코스]

뜻 ①진로, 경로, 진행
②과정, 학과

어브   코스
Of course. 물론이죠.

cousin [kʌzn 커즌]

뜻 사촌

히 이즈   커즌   터 더   쉬
He is cousin to the she.
그는 그 여자와 사촌간입니다.

cover [kʌ́vər 커버]

뜻 ①덮다, 씌우다, 표지, 뚜껑
②숨기다

cow

cow [kau 카우]

뜻 암소

milch cow
밀취 카우
젖소

참고 수소는 ox입니다.
악스

crayon [kréiən 크레이언]

뜻 크레용

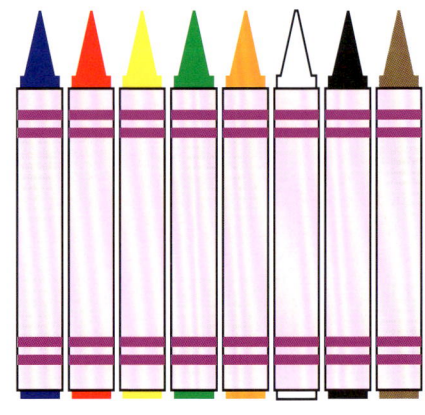

cream [kri:m 크림]

뜻 크림, 크림 과자

ice cream
아이스 크림
아이스크림

cross [krɔ:s 크로스]

뜻 가로지르다, 십자가

Jesus
지저스
예수님

cut

cry [krai 크라이]

뜻 울다, 큰 소리를 지르다

The baby is crying.
더 베이비 이즈 크라잉
아기가 울고 있어요.

cup [kʌp 컵]

뜻 잔, 우승컵

Please have a cup of tea.
플리즈 해브 어 컵 어브 티
차 한 잔 드세요.

c

curtain [kə́ːrtən 커튼]

뜻 커튼, 막

cut [kʌt 컷]

뜻 베다, 썰다, 깎다

Cut it with this knife.
컷 잇 위드 디스 나이프
이 칼로 그것을 자르세요.

D

[di: 디]
Dd

d

duck

dad [dæd 대드]

뜻 아빠

mom 엄마 (반대말)

dance [dæns 댄스]

뜻 춤, 춤추다, 무도회

She dances very well.
그녀는 춤을 잘 춥니다.

danger [déindʒər 데인저]

뜻 위험

day

dark [dɑːrk 다크]

뜻 어두운

잇 이즈 계팅 다크
It is getting dark.
날이 어두워지고 있어요.

라이트
light 밝은(반대말)

date [deit 데이트]

뜻 ① 날짜, 연월일
② 만남의 약속

daughter
[dɔ́ːtər 도터]

뜻 딸

파더 앤(드) 도터
father and daughter
아버지와 딸

day [dei 데이]

뜻 ① 날, 하루
② 낮

왓 데이 이즈 터데이
What day is today?
오늘은 무슨 요일입니까?

나이트
night 밤(반대말)

dead

dead [ded 데드]

뜻 죽은

더 마우스 이즈 데드
The mouse is dead.
그 쥐는 죽었어요.

mouse
쥐

deep [di:p 디프]

뜻 깊은, 깊게

어 디프 리버
a deep river 깊은 강

펠러컨
pelican
사다새

deer [diər 디어]

뜻 사슴

desk [desk 데스크]

뜻 책상

dial [dáiəl 다이얼]

뜻 다이얼, (시계의) 글자판

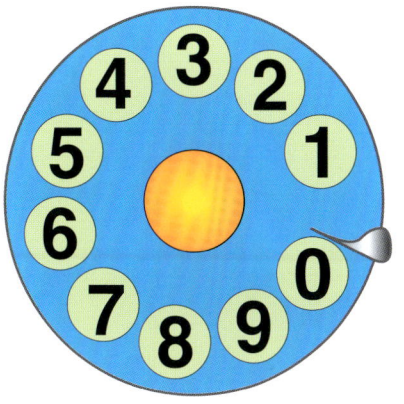

diary [dáiəri 다이어리]

뜻 일기, 일기장

I keep a diary. 나는 일기를 씁니다.

dictionary [díkʃənèri 딕셔네리]

뜻 사전

an English-Korean dictionary.
영한 사전

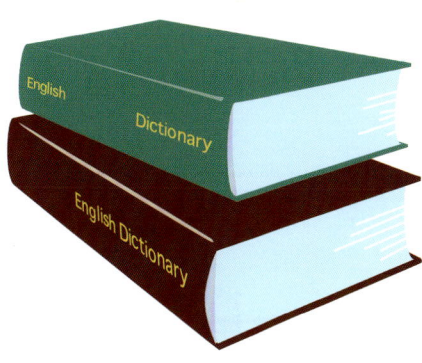

dinner [dínər 디너]

뜻 저녁 식사, 정찬

We have dinner at six.
우리는 6시에 저녁 식사를 합니다.

dinosaur

dinosaur [dáinəsɔːr 다이너쏘] 뜻 공룡

dinosaur

에드먼라니어
Edmonlonia
에드몬로니아

테러나던
Teranodon
테라노돈

매크로우플래터
Macroplata
마크로플라타

플리씨어쏘어스
Plesiosaurus
플레시오사우루스

벨러씨랩터
Velociraptor
벨로키랍토르

프로우터쎄러탑스
Protoceratops
프로토케라톱스

(씩스티 원) sixty-one 61

dirty

dirty [də́ːrti 더티]
뜻 더러운

Take off your dirty clothes.
더러운 옷을 벗어라.

clean
깨끗한 (반대말)

dish [diʃ 디쉬]
뜻 접시, 요리

French dishes 프랑스 요리

do [du 두]
뜻 …하다, 행하다
(의문문과 부정문에 쓰이는 조동사)

What are you doing? 뭐하니?

Do tell me.
말해 줘.

doctor [dáktər 닥터]
뜻 의사, 박사

You should see a doctor.
너는 의사의 진찰을 받아야 해.

dog [dɔg 독]

뜻 개

doll [dɑl 달]

뜻 인형

쉬 플레이즈 위드 허 달
She plays with her doll.
그녀는 인형을 가지고 놀아요.

dollar [dálər 달러]

뜻 달러(미국의 화폐 단위)

dolphin [dálfin 달핀]

뜻 돌고래

door

door [dɔːr 도]

뜻 문

Open the door, please.
오우픈 더 도 플리즈
문을 열어 주세요.

down [daun 다운]

뜻 아래로, 아래쪽으로

up
위로(반대말)

draw [drɔː 드로]

뜻 그리다, 끌다

She is drawing a picture.
쉬 이즈 드로잉 어 픽춰
그녀는 그림을 그리고 있어요.

dream [driːm 드림]

뜻 꿈, 꿈을 꾸다, 공상하다

drop

dress [dres 드레스]

뜻 ① 부인복, 어린이 옷
② 옷, 옷을 입다

drink [driŋk 드링크]

뜻 ① 마시다
② 마실 것, 음료, 술

아이 드링크 오린지 쥬스 에브리
I drink orange juice every
모닝
morning. 나는 매일 아침 오렌지 주스를 마셔요.

drive [draiv 드라이브]

뜻 운전하다, 몰다

드라이버
driver 운전사, 운전 기사

drop [drɑp 드랍]

뜻 ① 떨어지다, 떨어뜨리다
② (물)방울, 한 방울

돈(트) 드랍 더 북스
Don't drop the books.
책을 떨어뜨리지 마세요.

d

(씩스티 파이브) sixty-five 65

drum

drum [drʌm 드럼]
뜻 북, 북을 치다

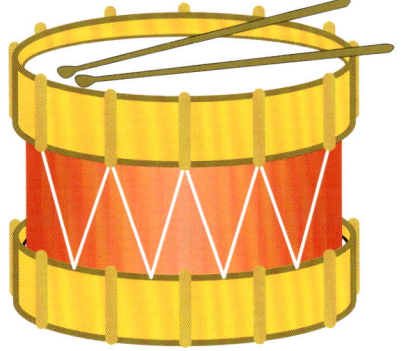

dry [drai 드라이]
뜻 마른, 마르다

헤어   드라이어
hair dryer
헤어 드라이어

웨트
*****wet** 젖은(반대말)

duck [dʌk 덕]
뜻 오리

duty [djúːti 듀티]
뜻 의무, 책임

스터딩 이즈 마이 듀티
Studying is my duty.
공부하는 것은 나의 의무이다.

earth

E e
[iː 이]

ear [iər 이어]

뜻 귀

어 헤어 해즈 롱 이어즈
A hare has long ears.
토끼는 긴 귀를 가지고 있어요.

elephant

early [ə́ːrli 얼리]

뜻 일찍, 이른

아이 겟 업 얼리 인 더 모닝
I get up early in the morning.
나는 아침 일찍 일어납니다.

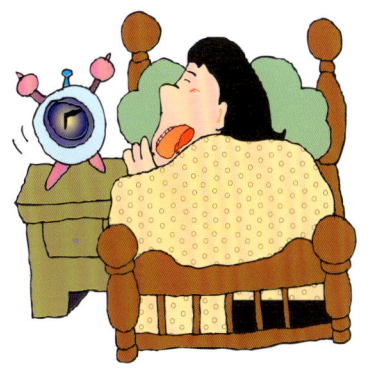

earth [ə́ːrθ 어쓰]

뜻 지구

위 리브 온 디 어쓰
We live on the earth.
우리는 지구 위에서 삽니다.

(씩스티 쎄븐) sixty-seven 67

east

east [iːst 이스트]

뜻 동쪽

더 썬 라이지즈 인 디 이스트
The sun rises in the east.
해는 동쪽에서 뜨지요.

easy [íːzi 이지]

뜻 쉬운, 마음 편한

테이크 잇   이지 ('테이키리지'로 들립니다.)
Take it easy.
서두르지 마세요. 참으세요.

디피컬트
difficult
어려운 (반대말)

eat [iːt 이트]

뜻 먹다, 식사하다

히 이즈   이팅   누들
He is eating noodle.
그는 국수를 먹고 있어요.

egg [eg 에그]

뜻 달걀, 알

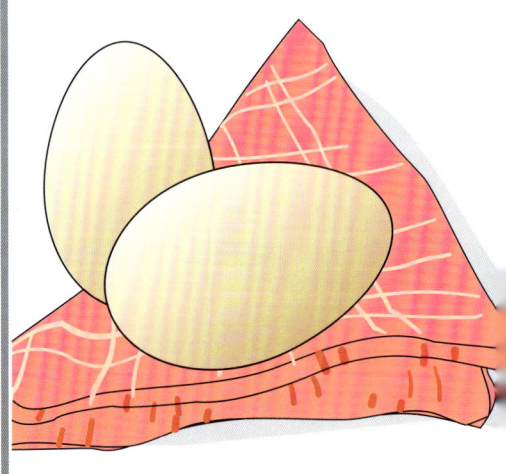

enjoy

empty [émpti 엠티]
뜻 빈, 텅 빈

end [end 엔드]
뜻 끝, 마지막

the end of the balance beam
평균대의 끝

balance beam
평균대

engine [éndʒin 엔진]
뜻 엔진, 발동기

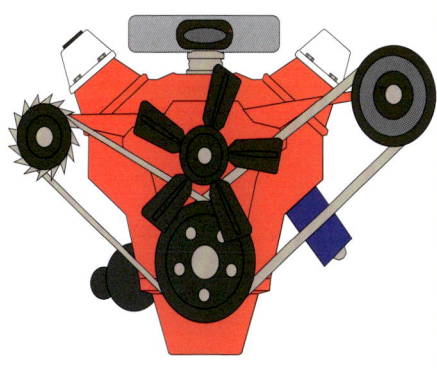

enjoy [indʒói 인조이]
뜻 즐기다

enjoy skateboarding
스케이트보드를 즐기다

enough

enough [ináf 이넢]

뜻 충분한, 충분히

I have enough food to eat.
나는 먹을 것이 충분히 있어요.

eraser [iréizər 이레이저]

뜻 지우개

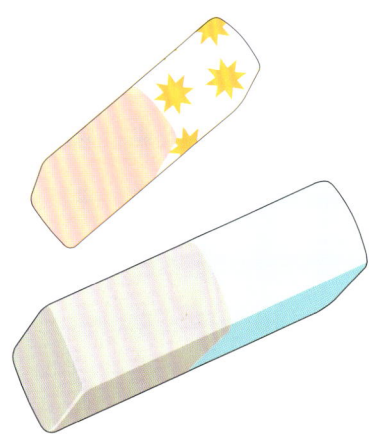

evening [íːvniŋ 이브닝]

뜻 저녁, 밤

Good evening.
안녕하세요. (저녁 인사)

every [évri 에브리]

뜻 모든, …마다

I go to school every day.
나는 매일 학교에 갑니다.

excuse

example
[igzǽmpl 이그잼플]

뜻 보기, 모범

excellent
[éksələnt 엑썰런트]

뜻 우수한, 빼어난

히 이즈 언 엑썰런트 퓨플
He is an excellent pupil.
그는 우수한 학생입니다.

excite
[iksáit 익싸이트]

뜻 흥분시키다, 자극하다

excuse
[ikskjúz 익스큐즈]

뜻 용서하다

익스큐즈 미
Excuse me. 실례합니다.

(쎄븐티 원) seventy-one 71

exercise

exercise
[éksərsàiz 엑써싸이즈]
뜻 연습, 운동

exit [éksit 엑씨트]
뜻 출구, 나가는 곳

expensive
[ikspénsiv 익스펜씨브]
뜻 값비싼

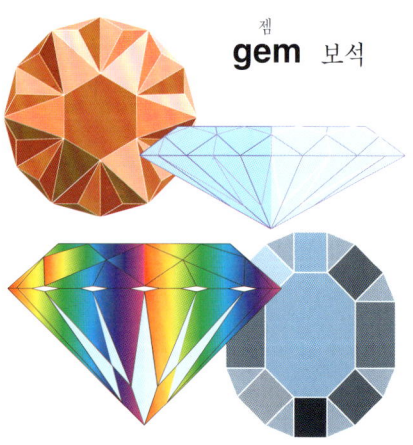

젬
gem 보석

eye [ai 아이]
뜻 눈, 시력

히 해즈 블루 아이즈
He has blue eyes.
그는 눈이 푸릅니다.

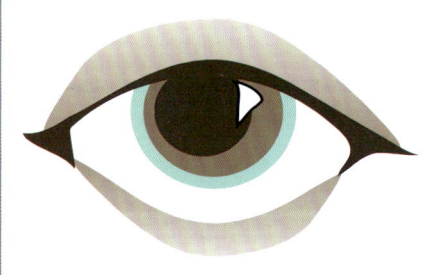

face

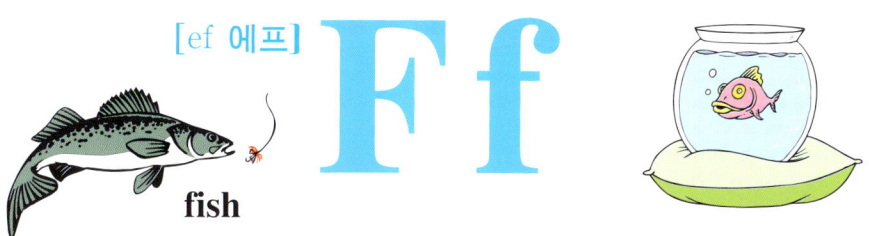

[ef 에프]

F f

fish

face [feis 페이스] 뜻 얼굴, 용모, 표면

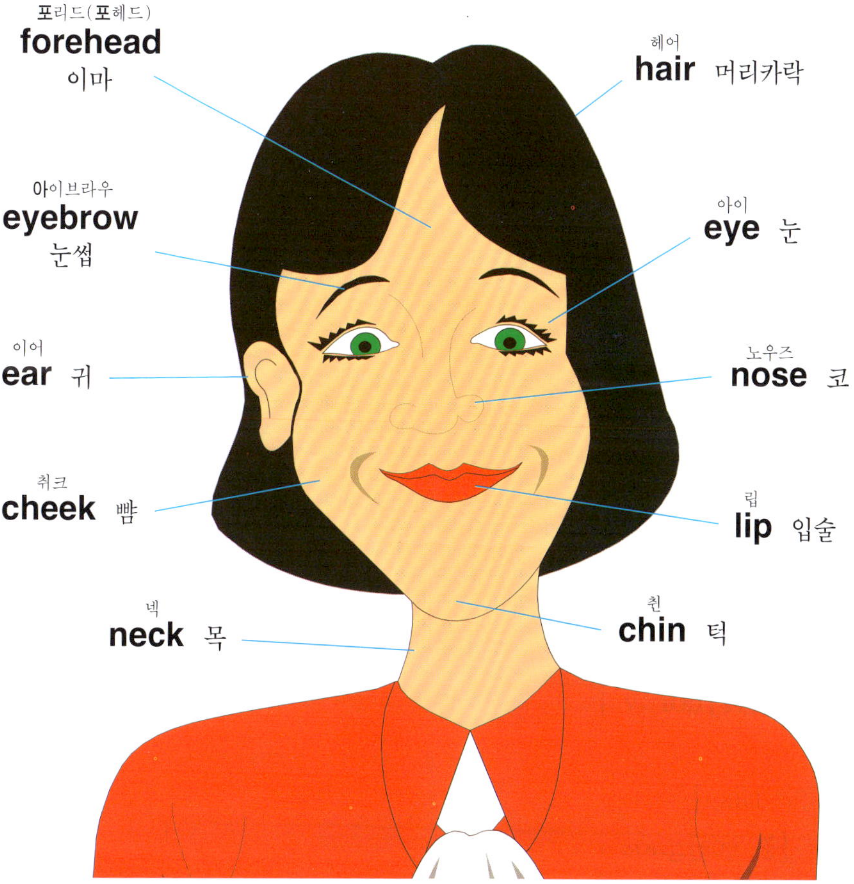

포리드(포헤드)
forehead
이마

아이브라우
eyebrow
눈썹

이어
ear 귀

취크
cheek 뺨

넥
neck 목

헤어
hair 머리카락

아이
eye 눈

노우즈
nose 코

립
lip 입술

친
chin 턱

(쎄븐티 쓰리) seventy-three **73**

fact

fact [fækt 팩트]

뜻 사실, 진상

인 팩트 쉬 이즈 어 위취
In fact, she is a witch.
실은, 그녀는 마녀입니다.

fair [fɛər 페어]

뜻 ①고운, 맑은, 공평한
②박람회

만국 (세계) 박람회

fall¹ [fɔːl 폴]

뜻 떨어지다, 넘어지다

스노우 이즈 폴링
Snow is falling.
눈이 내리고 있어요.

fall² [fɔːl 폴]

뜻 가을

참고 autumn(오텀)과 같은 말입니다.

far

family [fǽmili 패밀리] 뜻 가족

그랜드파더
grandfather
할아버지

파더
father
아버지

머더
mother
어머니

브러더
brother
형, 동생

그랜드머더
grandmother
할머니

씨스터
sister
누나, 여동생

아이
I
나

famous [féiməs 페이머스]

뜻 유명한, 이름난

쉬 비케임 페이머스
She became famous.
그 여자는 유명해졌습니다.

far [fɑːr 파]

뜻 멀리에

니어
near
가까이
(반대말)

(쎄븐티 파이브) seventy-five 75

farm

farm [fɑːrm 팜]
뜻 농장, 농원

fast [fæst 패스트]
뜻 빠른, 빨리

Run fast! 빨리 달려라!
(런 패스트)

fat [fæt 패트]
뜻 살찐, 뚱뚱한

thin 마른 (반대말)
(씬)

father [fáːðər 파더]
뜻 아버지

field

feel [fi:l 필] 뜻 느끼다, 만져 보다

앵그리
angry
화난

타이어드
tired
피곤한

해피
happy
행복한

쎄드
sad
슬픈

few [fju: 퓨]

뜻 조금밖에 없는, 거의 없는

매니
many
많은 (반대말)

field [fi:ld 필드]

뜻 벌판, 들, 경기장

(쎄븐티 쎄븐) seventy-seven 77

fight

fight [fait 파이트]

뜻 싸우다, 싸움

fill [fil 필]

뜻 채우다, 가득 차다

Fill the bowl with water.
필 더 보울 위드 워터
그릇에 물을 채워라.

film [film 필름]

뜻 필름

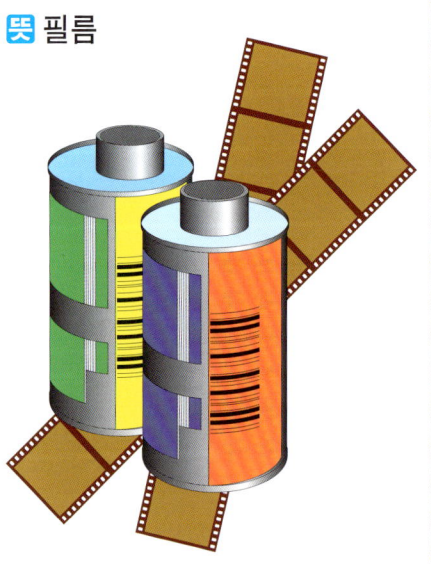

find [faind 파인드]

뜻 찾아 내다, 알다

fire

fine [fain 파인]

뜻 좋은, 훌륭한, 맑은

히 이즈 어 파인 씽어
He is a fine singer.
그는 훌륭한 가수입니다.

finger [fíŋgər 핑거]

뜻 손가락

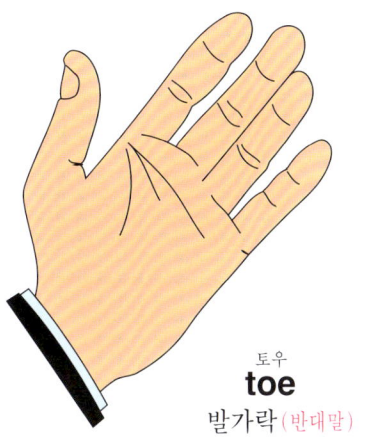

토우
toe
발가락 (반대말)

finish [fíniʃ 피니쉬]

뜻 끝내다, 마치다, 완성하다

웬 두 유 피니쉬 유어 워크
When do you finish your work?
언제 일이 끝납니까?

fire [fáiər 파이어]

뜻 불, 화재

f

(쎄븐티 나인) seventy-nine 79

fish

fish [fiʃ 피쉬]
뜻 물고기, 어류, 낚다

참고 178쪽에 여러 종류의 fish(피쉬)가 있습니다

fix [fiks 픽스]
뜻 ① 고치다, 수리하다
② 고정하다, 결정하다

flag [flæg 플래그]
뜻 기, 깃발

floor [flɔːr 플로]
뜻 마룻바닥

flute [fluːt 플루트]

뜻 플루트, 피리

플루티스트
flutist
플루트 주자

fly [flai 플라이]

뜻 ① 날다, 날리다
② 파리

에어플레인
airplane
비행기

follow [fálou 팔로우]

뜻 따르다, …을 뒤따라가다

팔로우 미
Follow me! 나를 따르라!

food [fuːd 푸드]

뜻 음식, 먹을것

와인
wine
포도주

브레드
bread 빵

그레이프
grape
포도

케이크
cake 과자

forget

fool [fu:l 풀]

뜻 바보

What a fool! 참 바보구나!
(왓 어 풀(워러풀))

foot [fut 푸트]

뜻 발

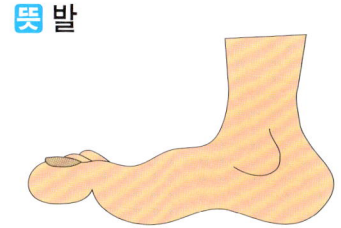

hand (핸드)
손(반대말)

for [fɔ:r 포]

뜻 …을 위하여, …동안,

for you 너를 위하여
(포 유)

forget [fərgét 퍼겟]

뜻 잊어버리다

Don't forget. 잊지 마세요.
(돈(트) 퍼겟)

eighty-three 83

fork

fork [fɔːrk 포크]

뜻 포크

나이프
knife
나이프, 칼

four [fɔːr 포]

뜻 넷, 4, 4살

포　　애플즈
four apples 사과 네 개

fox [fɑks 팍스]

뜻 여우

free [friː 프리]

뜻 자유로운, 한가한

아임　프리　나우
I'm free now.
나는 지금 한가합니다.

fresh [freʃ 프레쉬]

뜻 신선한, 새로운

fresh water 신선한 물
[프레쉬 워터]

friend [frend 프렌드]

뜻 친구, 벗

He is a friend of mine.
[히 이즈 어 프렌드 어브 마인]
그는 나의 친구입니다.

from [frəm 프럼]

뜻 …에서, …때문에

I'm from America.
[아임 프럼 어메리커]
나는 미국에서 왔어요(미국 출신이에요).

front [frʌnt 프런트]

뜻 앞의, 정면의

Look to your front.
[룩 투 유어 프런트]
앞쪽을 쳐다보세요.

fruit

fry [frai 프라이]

뜻 튀김하다, 튀기다

프라잉 팬
frying pan 프라이 팬

full [ful 풀]

뜻 가득 찬

풀 어브 고울드
full of gold 금으로 가득 찬

fun [fʌn 펀]

뜻 재미있는 일

왓 펀
What fun! 재미있다!

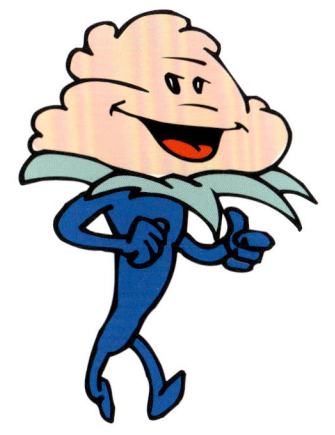

funny [fʌ́ni 퍼니]

뜻 우스운, 웃기는, 재미있는

furniture

furniture [fə́ːrnitʃər 퍼니춰] 뜻 가구

테이블
table
탁자

췌어
chair
의자

드레써
dresser
옷장

북케이스
bookcase
책장

벙크 베즈
bunk beds
2단 침대

베드
bed
침대

쏘우퍼
sofa 소파

데스크
desk
책상

gas

[dʒiː 지]
G g

game [geim 게임]
뜻 게임, 경기, 시합

베이스볼　　게임
baseball game
야구 시합

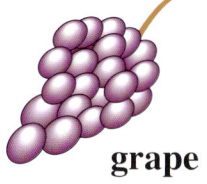
grape

garden [gáːrdn 가든]
뜻 정원, 뜰

gas [gæs 개스]
뜻 가스, 기체

개스　　라이터
gas lighter
가스 라이터

g

(에이티 나인) eighty-nine **89**

gate

gate [geit 게이트]
뜻 대문, 정문

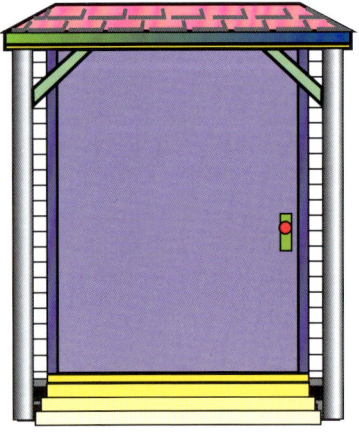

gentle [dʒéntl 젠틀]
뜻 점잖은, 상냥한

젠틀먼
gentleman
신사

get [get 겟]
뜻 얻다, 사다

※ 겟 온
get on (말, 탈것에) 타다 (숙어)

girl [gəːrl 걸]
뜻 소녀, 여자 아이

give [giv 기브]

뜻 주다, 바치다

아이 윌 기브 유 디스 북
I will give you this book.
이 책을 당신에게 줄게요.

glad [glæd 글래드]

뜻 반가운, 기쁜

아임 글래드 투 씨 유
I'm glad to see you.
만나서 반갑습니다.

glass [glæs 글래스]

뜻 유리, (유리)컵

glove [glʌv 글러브]

뜻 장갑, (야구의)글러브

풋 온 유어 글러브즈
Put on your gloves.
장갑을 끼세요.

go

go [gou 고우]
뜻 가다, 나아가다

God [gɑd 갇]
뜻 신, 하나님

갇 헬프 힘
God help him.
하나님, 그를 도와 주소서.

gold [gould 고울드]
뜻 금, 황금

고울드 메들
gold medal
금메달

good [gud 굳]
뜻 좋은, 착한, 잘하는

아이 해브 어 굿 아이디어
I have a good idea.
좋은 생각이 있어요.

grandmother
[grǽndmʌ̀ðər 그랜드머더]
뜻 할머니

grape
[greip 그레이프]
뜻 포도, 포도나무

grass [græs 그래스]
뜻 풀, 잔디, 잔디밭

gray [grei 그레이]
뜻 회색의, 회색, 우울한

gray hair 회색 머리

great [greit 그레이트]

뜻 위대한, 큰, 훌륭한

그레이트 맨
great man
위인

Abraham Lincoin
에이브러햄 링컨
링컨(미국의 16대 대통령)

ground [graund 그라운드]

뜻 운동장, 땅, 지면

어 풋볼 그라운드
a football ground (미식)축구장

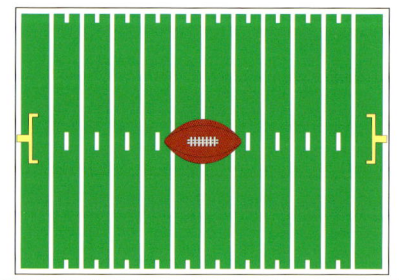

group [gruːp 그루프]

뜻 그룹, 무리, 모임

grow [grou 그로우]

뜻 자라나다, 성장하다

guitar [gitáːr 기타]

뜻 기타, 기타를 치다

hall

Hh [eitʃ 에이취]

hat

hair [hɛər 헤어]
뜻 털, 머리털

He had his hair cut.
그는 이발을 했습니다.

hair cut
이발

half [hæf 해프]
뜻 절반, 반

It is half past eight. 8시 반입니다.

hall [hɔːl 홀]
뜻 홀, 넓은 방

concert hall
연주회장

h

hamburger

hamburger
[hǽmbə:rgər 햄버거]
뜻 햄버거

hammer
[hǽmər 해머]
뜻 망치, 해머

해머링
hammering
망치질

hand [hǽnd 핸드]
뜻 손

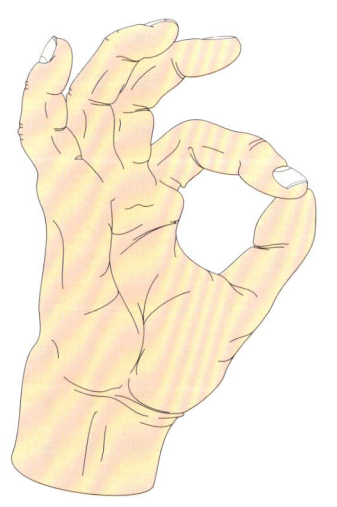

handle [hǽndl 핸들]
뜻 핸들, 자루, 손잡이

handle

hat

happen [hǽpən 해픈]

뜻 생기다, 일어나다

What happend?
왓 해픈드
무슨 일이 있었어요?

happy [hǽpi 해피]

뜻 행복한, 기쁜, 즐거운

How happy we are!
하우 해피 위 아
우리는 참 행복해요!

hard [hɑːrd 하드]

뜻 딱딱한, 어려운, 열심히

I must study hard.
아이 머스트 스터디 하드
나는 열심히 공부해야 합니다.

hat [hæt 햇]

뜻 (테 있는)모자

She wears a hat.
쉬 웨어즈 어 햇
그녀는 모자를 쓰고 있어요.

(나인티 쎄븐) ninety-seven 97

hate

hate [heit 헤이트]
뜻 미워하다, 싫어하다

아이 해이트 유
I hate you! 나는 너를 미워해.

have [hæv 해브]
뜻 가지다, 가지고 있다

왓 두 유 해브
What do you have?
무엇을 가지고 계세요?

he [hi 히]
뜻 그(남자)는, 그(남자)가

히 이즈 어 닥터
He is a doctor. 그는 박사입니다.

head [hed 헤드]
뜻 머리, 우두머리, 수석

hello

hear [hiər 히어]

뜻 듣다, 들리다

Can you hear a bird singing?
새의 노래 소리가 들리세요?

heart [hɑːrt 하트]

뜻 심장, 마음

She has a warm heart.
그녀는 따뜻한 마음씨를 가지고 있어요.

heavy [hévi 헤비]

뜻 무거운

hello [helóu 헬로우]

뜻 여보세요, 아, 안녕

help

help [help 헬프]

뜻 돕다, 도움

Help! Please help me.
살려 주세요! 저를 도와 주세요.

hen [hen 헨]

뜻 암탉

rooster 수탉(반대말)

here [hiər 히어]

뜻 여기에, 여기서

Here is a camera bag.
여기에 카메라 가방이 있어요.

hi [hai 하이]

뜻 안녕, 야아

100 one hundred (원 헌드러드)

hit

hide [haid 하이드]

뜻 숨다, 감추다

하이드 앤드   씨크(하이덴 씨크)
hide-and-seek 숨바꼭질

high [hai 하이]

뜻 높은, 높이

하이   점프
high jump
높이뛰기

hill [hil 힐]

뜻 언덕, 작은 산

렛츠 고우 포 어 피크닉 온 더 힐
Let's go for a picnic on the hill.
언덕으로 피크닉 갑시다.

hit [hit 히트]

뜻 때리다, 치다

(원 헌드러드 앤드 원) one hundred and one 101

hiking [háikiŋ 하이킹]
뜻 하이킹, 도보 여행

hold [hould 호울드]
뜻 쥐다, 붙잡다

해머
hammer
망치

hole [houl 호울]
뜻 구멍

호울 인 원
hole-in-one
홀인원(골프에서 첫 공이 그대로 컵에 들어가는 것)

holiday [hálədéi 할러데이]
뜻 휴일, 명절

밸런타인즈   데이 이즈 어   할러데이
Valentine's Day is a holiday.
발렌타인 데이는 명절입니다.

horse

home [houm 호움]
뜻 가정, 집, 고향

sweet home
행복한 가정

hope [houp 호우프]
뜻 바라다, 희망(하다)

I hope to see you soon.
곧 당신을 만나기를 바랍니다.

hose [houz 호우즈]
뜻 ① 호스
② 긴 양말

horse [hɔːrs 호스]
뜻 말, 목마

I can't ride a horse.
나는 말을 탈 줄 몰라요.

h

hot

hot [hɑt 핫]

뜻 더운, 뜨거운

a hot day 무더운 날

hotel [houtél 호텔]

뜻 호텔, 여관

He is a staying at that hotel.
그는 저 호텔에 머무르고 있어요.

hour [áuər 아우어]

뜻 시간

He'll be home in an hour.
그는 한 시간 안에 올 것입니다.

house [haus 하우스]

뜻 집, 가옥

We live in this house.
우리는 이 집에서 삽니다.

hurry

how [hau 하우]

뜻 어떻게, 얼마나

How are you? 어떻게 지내세요?
(하우 아 유)

How do you do? 처음 뵙겠어요.
(하우 두 유 두)

hundred [hʌ́ndrəd 헌드러드]

뜻 백, 100, 100살

hungry [hʌ́ŋgri 헝그리]

뜻 배고픈, 굶주린

hunt [hʌnt 헌트]

뜻 사냥하다, 찾다

hunter and dog
(헌터 앤드 독)
사냥꾼과 개

hurry [hə́:ri 허리]

뜻 서두르다, 서두름

Hurry up! 서두르세요!
(허리 업)

(원 헌드러드 앤드 파이브) one hundred and five

I

[ai 아이]
I i

ice cream

I [ai 아이]
뜻 나

I am a mechanic.
나는 정비사(기계공)입니다.

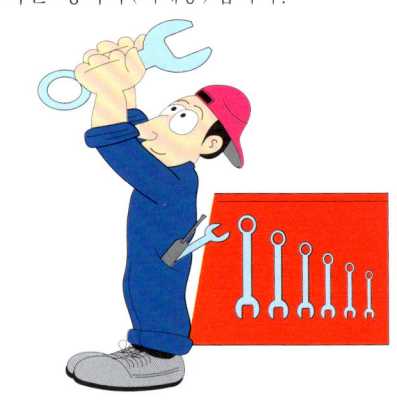

ice [ais 아이스]
뜻 얼음

My feet are like ice.
내 발은 얼음 같아요.

ice hochey 아이스 하키

idea [aidíə 아이디어]
뜻 생각, 착상

I have a good idea.
좋은 생각이 있어요.

ink

if [if 이프]

뜻 만일 …한다면

이프 유 웨이트 어 미닛
If you wait a minute,
아일 비 라이트 위드 유
I'll be right with you.
잠시만 기다리면 곧 가겠어요.

ill [il 일]

뜻 아픈, 병든, 나쁜

쉬 이즈 일
She is ill 그녀는 몸이 아파요.

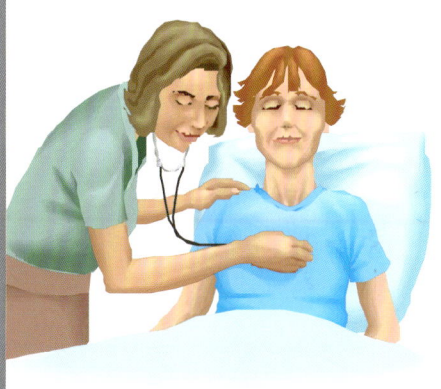

in [in 인]

뜻 …안에

컴 인 플리즈
Come in, please. 들어오세요.

ink [iŋk 잉크]

뜻 잉크

언 잉크 바틀
an ink bottle 잉크병

(원 헌드러드 앤드 쎄븐) one hundred and seven 107

insert

insect [insékt 인섹트] 뜻 곤충, 벌레

버터플라이
butterfly
나비

스파이더
spider
거미

그래스하퍼
grasshopper
메뚜기

스태그 비틀
stag beetle
사슴벌레

앤트
ant
개미

호스플라이
horsefly
등에

비
bee
벌

레이디버그
ladybug
무당벌레

into

맨티스
mantis
사마귀

고울드버그
goldbug
풍뎅이

드래건플라이
dragonfly
잠자리

플라이
fly
파리

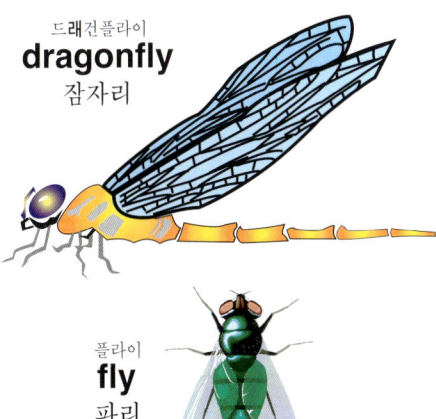

interest
[íntərist 인터리스트]
뜻 재미있는, 흥미 있는

아임　　인터리스티드　 인　　뮤직
I'm interested in music.
나는 음악에 흥미가 있어요.

into [íntu 인투]
뜻 …안으로

introduce

introduce
[intrədjúːs 인트러듀스]
뜻 소개하다

Let me introduce my brother to you. 동생을 소개하겠습니다.

iron [áiərn 아이언]
뜻 다리미, 쇠

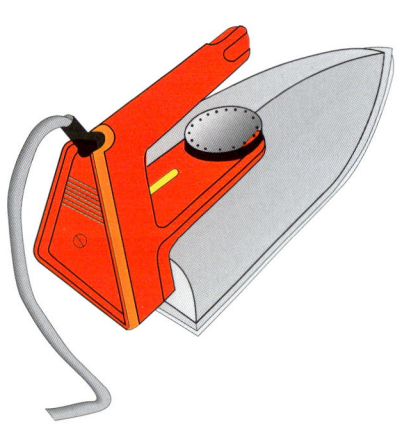

island
[áilənd 아일런드]
뜻 섬

it [it 잇]
뜻 그것

That's it! 바로 그거야!

jet

J j [dʒei 제이]

jet

jam [dʒæm 잼]

뜻 잼

스트로베리 잼
strawberry jam
딸기잼

Japan [dʒəpǽn 저팬]

뜻 일본

저팬 이즈 언 아일런드 컨트리
Japan is an island country.
일본은 섬나라입니다.

jet [dʒet 제트]

뜻 제트기

제트 플레인
(= Jet plane 제트기)

j

job

job [dʒab 잡] 뜻 일, 직업

닥터
doctor
의사

너스
nurse
간호사

쏘울저
soldier
군인

저지
judge
판사

아티스트
artist
화가

프러페써
professor
교수

job

쿡
cook
요리사

액트리스
actress
여배우

파이어맨
fireman
소방관

어나운써
announcer
아나운서

싸이언티스트
scientist
과학자

(원 헌드러드 앤드 써틴) one hundred and thirteen 113

join

join [dʒɔin 조인]
뜻 연결하다, 참가하다

Let me join you.
나와 함께 하자.

juice [dʒuːs 쥬스]
뜻 주스, 즙

jump [dʒʌmp 점프]
뜻 뛰다, 뛰어오르다

jungle [dʒʌ́ŋgl 정글]
뜻 정글

just [dʒʌst 저스트]
뜻 정확히, 꼭, 바로

He is just like a baby.
그는 꼭 아기 같아요.

kick

[kei 케이]
K k

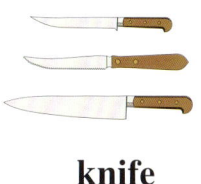
knife

keep [kiːp 키프]
뜻 가지다, 지키다

아이 키프 어 터키
I keep a turkey.
나는 칠면조를 기르고 있어요.

key [kiː 키]
뜻 열쇠

kick [kik 킥]
뜻 차다

킥 더 볼
Kick the ball! 공을 차세요!

k

(원 헌드러드 앤드 피프틴) one hundred and fifteen 115

kid

kid [kid 키드]

뜻 아이, 새끼 염소

참고 일상 회화에서는 **child**(촤일드)
보다 많이 쓰입니다.

kill [kil 킬]

뜻 죽이다

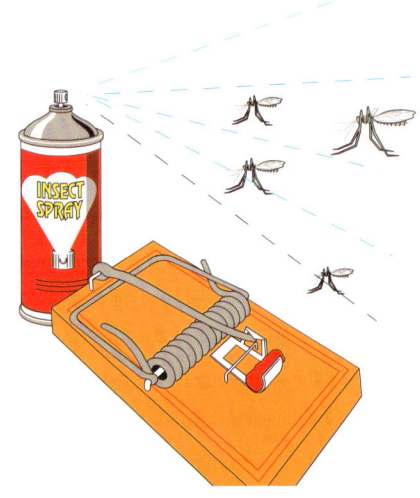

kind [kaind 카인드]

뜻 ① 친절한, 온화한
② 종류

king [kiŋ 킹]

뜻 왕, 국왕

queen(퀸) 여왕 (반대말)

knife

kiss [kis 키스]

뜻 키스, 입맞춤

kitchen [kítʃin 키췬]

뜻 부엌

knee [ni: 니]

뜻 무릎

The boy fell on his knees.
더 보이 펠 온 히즈 니즈
소년은 무릎을 꿇었어요.

knife [naif 나이프]

뜻 나이프, 칼

knives
나이브즈
칼들(복수)

knock

knock [nak 낙]

뜻 똑똑 두드리다, 치다

know [now 노우]

뜻 알다, 알고 있다

아이 돈(트) 노우
I don't know. 나는 모르겠어요.

Korea [kərí:ə 커리어]

뜻 한국

커리어 이즈 인 에이셔
Korea is in Asia.
한국은 아시아에 있어요.

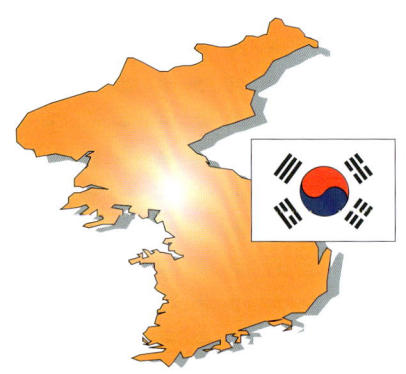

Korean
[kərí:ən 커리언]

뜻 한국의, 한국인의

커리언 클로우즈
Korean clothes
한복

lamp

L l
[el 엘]

lady [léidi 레이디]

뜻 숙녀, 부인

lemon

lake [leik 레이크]

뜻 못, 호수

lamp [læmp 램프]

뜻 램프, 등

어 데스크 램프
a desk lamp
책상용 스탠드

l

land

land [lænd 랜드]

뜻 땅, 나라, 착륙하다

_{랜드 언 에어플레인}
land an airplane
비행기를 착륙시키다

_{랜드} _씨
land 땅 sea 바다(반대말)

language [læŋgwidʒ 랭귀지]

뜻 말, 언어

_{히 스픽스 파이브 랭귀지즈}
He speaks five languages.
그는 5개 국어를 말해요.

large [lɑːrdʒ 라지]

뜻 큰, 넓은, 많은

_{하우 라지}
How large!
야, 크다!

last [læst 래스트]

뜻 마지막, 최후의

_{더 래스트 리프}
the last leaf
마지막 잎새

_{퍼스트}
first
첫번째(반대말)

leaf

late [leit 레이트]

뜻 늦은, 늦게

쉬 이즈 레이트 포 플라이트
She is late for flight.
그녀는 비행기 시간에 늦었어요.

laugh [læf 래프]

뜻 웃다

히 이즈 래핑
He is laughing. 그는 웃고 있어요.

lead [liːd 리드]

뜻 이끌다, 인도하다

리더
leader
지도자, 지휘자, 두목

leaf [liːf 리프]

뜻 잎

리브즈
leaves 잎들(복수)

(원 헌드러드 앤드 트웬티 원) one hundred and twenty-one 121

learn

learn [ləːrn 런]

뜻 배우다

She is learning ballet.
그녀는 발레를 배우고 있어요.

leave [liːv 리브]

뜻 떠나다, 두고 가다

left [left 레프트]

뜻 왼쪽(의)

left hand 왼쪽 손

leg [leg 레그]

뜻 다리

She has long legs.
그녀는 다리가 길어요.

library

lesson [lésn 레쓴]

뜻 학과, 수업

We have lessons this mornimg.
우리는 오늘 오전에 수업이 있어요.

let [let 렛]

뜻 시키다, …하다

Let me try it. 내가 한번 해 볼게요.

letter [létər 레터]

뜻 편지, 글자

I'm writing a letter to my friend.
내 친구에게 편지를 쓰고 있어요.

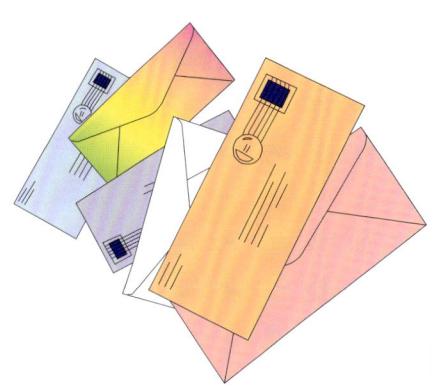

library [láibrəri 라이브러리]

뜻 도서관

There is a library in this school.
이 학교 안에는 도서관이 있습니다.

(원 헌드러드 앤드 트웬티 쓰리) one hundred and twenty-three 123

lie

lie [lai 라이]

뜻 ① 눕다
　② 거짓말(하다)

He often lies on the chair.
히 오픈 라이즈 온 더 췌어
그는 자주 의자에 누워요.

light [lait 라이트]

뜻 ① 불빛, 밝은, 비추다
　② 가벼운

Switch on the light. 불을 켜라.
스위취 온 더 라이트

like [laik 라이크]

뜻 ① 좋아하다
　② 같은, 닮은

I like skiing.
아이 라이크 스킹잉
나는 스키 타기를 좋아해요.

lily [líli 릴리]

뜻 나리, 백합

list

line [lain 라인]

뜻 줄, 선

피플   스탠딩   라인
people standing line
줄지어 선 사람들

lion [láiən 라이언]

뜻 사자

더 라이언 이즈 더 킹 어브 애너멀즈
The lion is the king of animals.
사자는 동물의 왕입니다.

lip [lip 립]

뜻 입술

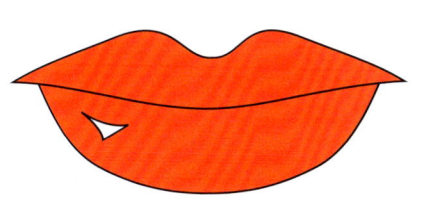

list [list 리스트]

뜻 목록, 명부

listen

listen [lísn 리쓴]
뜻 듣다

Listen to me. 내 말을 들어 보세요.

little [lítl 리틀]
뜻 작은

a little bucket 작은 물통

live [liv 리브]
뜻 살다

We live in the country.
우리는 시골에서 살아요.

long [lɔːŋ 롱]
뜻 긴, 오랫동안

long hair 긴 머리

look [luk 룩]

뜻 보다

룩 앳 미(루캐미)
Look at me. 나를 보세요.

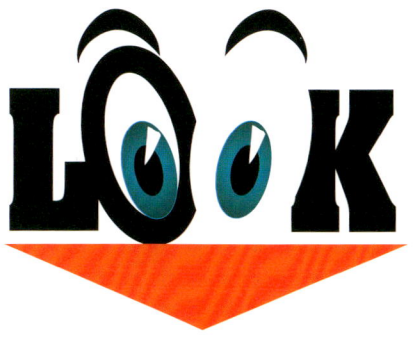

lose [lu:z 루즈]

뜻 잃어버리다, 늦어지다

아이브 로스트 마이 팬츠
I've lost my pants.
바지를 잃어버렸어요.

lot [lat 랏]

뜻 많은

어 랏 어브 북스('어 라러 북스'로 들립니다.)
a lot of books 많은 책

loud [laud 라우드]

뜻 큰 소리의, 큰 소리로

히 스피크스 인 어 라우드 보이스
He speaks in a loud voice.
그는 큰 소리로 말해요.

love

love [lʌv 러브]

뜻 사랑, 사랑하다

아이 러브 유
I love you. 나는 당신을 사랑합니다.

low [lou 로우]

뜻 낮은

하이
high
높은(반대말)

luck [lʌk 럭]

뜻 행운, 운수

굿 럭 투 유
Good luck to you.
행운이 있기를 빕니다.

lunch [lʌntʃ 런취]

뜻 점심 식사

런치 이즈 레디
Lunch is ready.
점심 준비되었어요.

machine

[em 엠]

Mm

mouse

machine [məʃín 머쉰] 뜻 기계

에어플레인
airplane
비행기

헬러캅터
helicopter
헬리콥터

팬
fan
선풍기

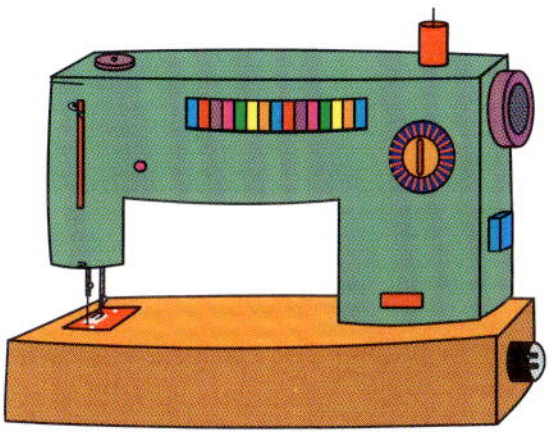

쏘우잉 머쉰
sewing machine
재봉틀

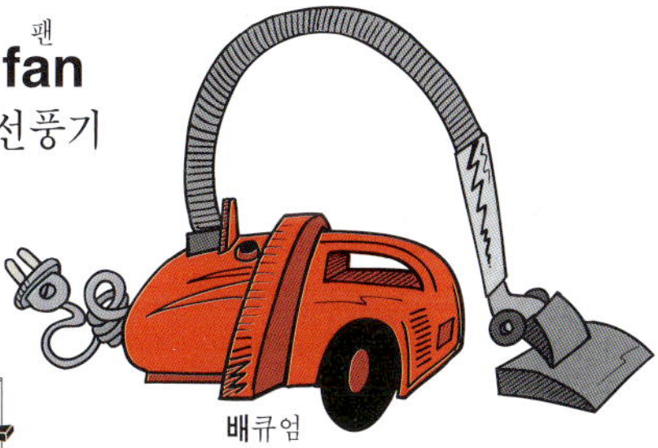

토우스터
toaster
토스터

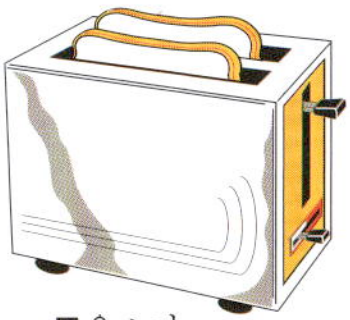

배큐엄
vacuum
진공 청소기

불도우저
bulldozer
불도저

카
car
자동차

m

(원 헌드러드 앤드 트웬티 나인) one hundred and twenty-nine 129

mad

mad [mæd 매드]

뜻 미친, 화난

He got mad at them.
그는 그들에게 화를 냈습니다.

mail [meil 메일]

뜻 우편, …을 부치다

make [meik 메이크]

뜻 만들다, …이 되다

Let's make a toy.
장난감을 만듭시다.

man [mæn 맨]

뜻 남자, 인간, 사람

men
사람들(복수)

business man 사업가

market

many [méni 메니]

뜻 많은, 많은 물건

many people 많은 사람들

map [mæp 맵]

뜻 지도

a map of the world 세계 지도

march [mɑːrtʃ 마취]

뜻 행진(하다)

They are marching through the town. 그들은 마을을 행진하고 있어요.

market [mɑ́ːrkit 마킷]

뜻 시장

go to market 장보러 가다

marry [mǽri 매리]

뜻 결혼하다

Chang-Ho married Aram.
창호는 아람과 결혼했어요.

matter [mǽtər 매터]

뜻 문제, 일

What's the matter with you?
무슨 일이 있었어요?

may [mei 메이]

뜻 …해도 좋다,
   …할 수도 있다

May I have a hamburger?
햄버거 하나 먹어도 될까요?

meat [miːt 미트]

뜻 고기

I like meat better than fish.
나는 생선보다 고기를 더 좋아해요.

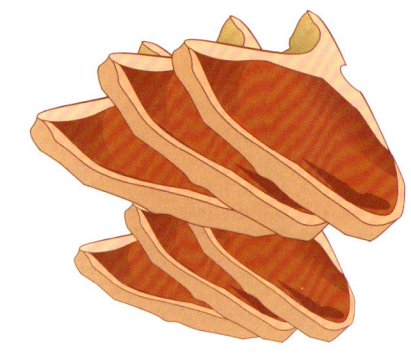

melon

medal [médl 메들]
뜻 메달

medicine [médsin 메드씬]
뜻 약

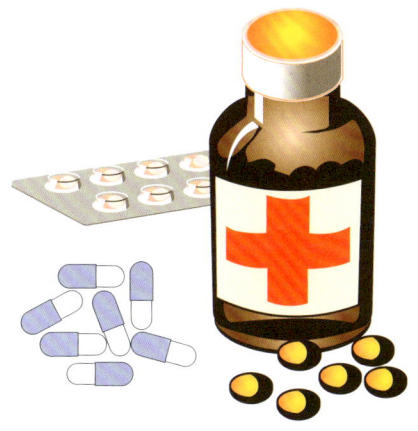

meet [miːt 미트]
뜻 만나다, 모이다

미팅
meeting
회합, 모임

melon [mélən 멜런]
뜻 참외, 멜론

머스크멜런
muskmelon
머스크멜론

meter

meter [míːtər 미터]

뜻 ① 미터 (길이의 단위)
② 자동 계기

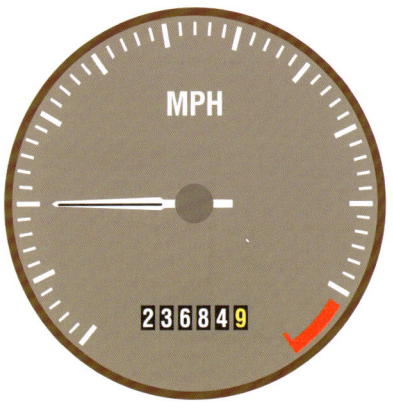

middle [mídl 미들]

뜻 중앙, 중간

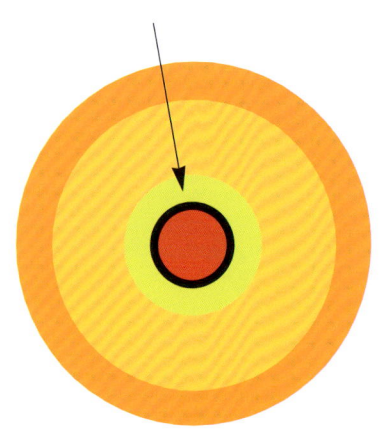

milk [milk 밀크]

뜻 우유

million [míljən 밀리언]

뜻 백만

투　밀리언　달러즈
two million dollars
2백만 달러

mistake

minute [mínit 미닛]
뜻 분

웨이트 어 미닛(웨이러 미닛)
Wait a minute. 잠깐만 기다리세요.

mirror [mírər 미러]
뜻 거울

쉬 이즈 루킹 인 더 미러
She is looking in the mirror.
그녀는 거울을 보고 있어요.

Miss [mis 미쓰]
뜻 …양(미혼 여성의 성·이름 앞에 붙이는 말)

미쓰 킴
Miss Kim 김 양

mistake [mistéik 미쓰테이크]
뜻 잘못, 실수

잇쓰 유어 미쓰테이크
It's your mistake.
그것은 여러분의 잘못이에요.

model

model [mádəl 마들]

뜻 모델, 모형, 본, 모범

쉬 이즈 어 굿 마들
She is a good model.
그녀는 훌륭한 모델입니다.

mom [mɑm 맘]

뜻 엄마

money [máni 머니]

뜻 돈, 금전

타임 이즈 머니
Time is money. 시간은 돈이다.

monkey [mʌ́ŋki 멍키]

뜻 원숭이

month

month [mʌnθ 먼쓰] 뜻 (달력의) 달

재뉴에리
January
1월

페브루에리
February
2월

마취
March
3월

에이프럴
April
4월

메이
May
5월

준
June
6월

줄라이
July
7월

오거스트
August
8월

셉**템**버
September
9월

악**토**우버
October
10월

노벰버
November
11월

디셈버
December
12월

moon

moon [muːn 문]

뜻 (천체의) 달

a new moon 초승달

morning [mɔ́ːrniŋ 모닝]

뜻 아침

evening 저녁 (반대말)

mother [mʌ́ðər 머더]

뜻 어머니

mountain [máuntən 마운튼]

뜻 산

mouth [mauθ 마우쓰]

뜻 입

Shut your mouth! 입 다물어!

much

move [muːv 무브]
뜻 움직이다, 이사하다

movie [múːvi 무비]
뜻 영화, 영화관

Mr. [místər 미스터]
뜻 …씨 (남자의 성·이름 앞에 붙이는 말)

미스터 쟌 스미쓰
Mr. John Smith
존 스미스 씨

Mrs. [mísiz 미씨즈]
뜻 …부인 (결혼한 여자의 성 앞에 붙이는 말)

미씨즈 쎄러 조운즈
Mrs. sarah Jones
사라 존스 부인

much [mʌtʃ 머취]
뜻 많은 (양을 나타냄), 매우

머취 머니
much money 많은 돈

music

music [mjú:zik 뮤직] 뜻 음악, 아름다운 소리

I like music. 나는 음악을 좋아해요.

saxophone 색소폰
horn 호른
trombone 트롬본
trumpet 트럼펫
triangle 트라이앵글
conductor 지휘자
castanets 캐스터네츠
harp 하프
cello 첼로
violin 바이올린

my

오우보우
oboe
오보에

플루트
flute
플루트

하마너커
harmonica
하모니카

심벌즈
cymbals
심벌즈

드럼
drum
북

must [mʌst 머스트]

뜻 …해야 한다

아이 머스트 고우 호움 나우
I must go home now.
이제 집에 가야 합니다.

my [마이]

뜻 나의

히 이즈 마이 영거 브러더
He is my younger brother.
그는 나의 동생입니다.

(원 헌드러드 앤드 포티 원) one hundred and fourty-one 141

N
n

[en 엔]

Nn

Napoleon

nail [neil 네일]

뜻 손톱, 못

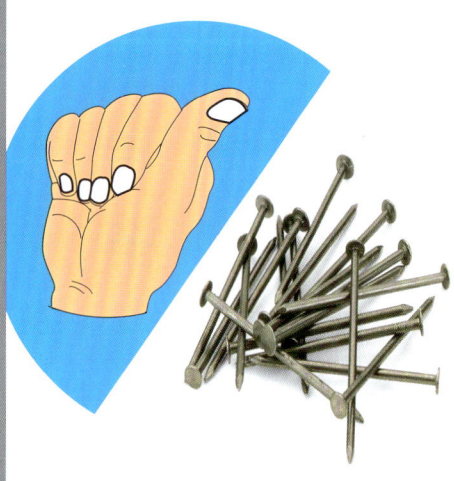

name [neim 네임]

뜻 이름

마이 네임 이즈 탐
My name is Tom.
내 이름은 탐이야.

narrow [nǽrou 내로우]

뜻 좁은, 가느다란

내로우 패쓰
narrow path 오솔길

never

near [niər 니어]

뜻 가까이, 가까운

니어 어 팜 트리
near a palm tree
야자나무 가까이에

neck [nek 넥]

뜻 목

넥타이
necktie
넥타이

need [ni:d 니드]

뜻 필요로 하다

아이 니드 썸 머니
I need some money.
나는 돈이 좀 필요해요.

never [névər 네버]

뜻 결코 …하지 않다

히 네버 겟츠 앵그리
He never gets angry.
그는 결코 화를 내지 않아요.

new

new [nju: 뉴]

뜻 새로운

_{어 뉴 드레스}
a new dress. 새 옷

news [nju:z 뉴즈]

뜻 뉴스, 소식

_{뉴스페이퍼}
newspaper
신문

next [nekst 넥스트]

뜻 다음의, 다음에, 옆의

_{테이크 더 넥스트 버스}
Take the next bus.
다음 버스를 타세요.

nice [nais 나이스]

뜻 좋은, 멋진

_{해브 어 나이스 타임}
Have a nice time.
좋은 시간 되세요.

night [nait 나이트]

뜻 밤

Good night! 안녕히 주무세요.

no [nou 노우]

뜻 아니다, 조금도 …없는

Are you Tom?   No, I'm Bill.
네가 탐이니?   아니오, 나는 빌이에요.

noise [nɔiz 노이즈]

뜻 소리, 잡음

Don't make a noise.
떠들지 말아!

north [nɔːrθ 노쓰]

뜻 북쪽

a north wind 북풍

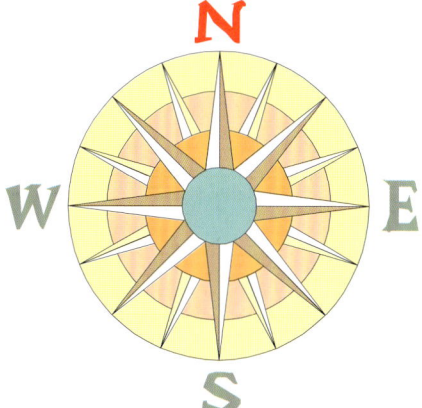

nose

nose [nouz 노우즈]

뜻 코

블로우 유어 노우즈
Blow your nose. 코를 풀어라.

not [nɑt 낱]

뜻 …아니다

아임 낱 어 씨프
I'm not a thief.
나는 도둑이 아니에요.

note [nout 노우트]

뜻 노트, 메모

노우트북
notebook
공책

now [nau 나우]

뜻 지금, 이제

잇 이즈 레이닝   나우
It is raining now.
지금 비가 내리고 있어요.

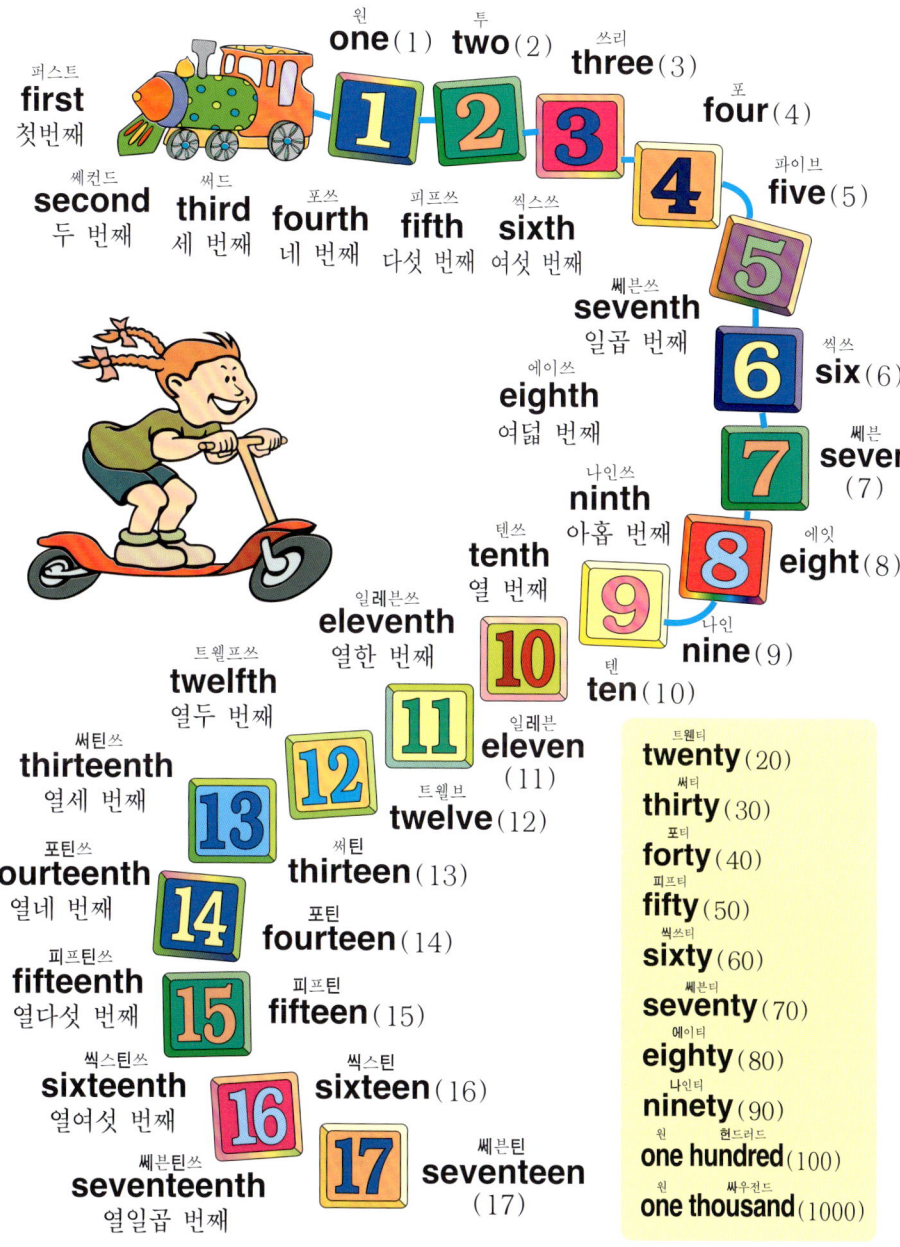

O

[ou 오우]

O o

orange

o'clock
[əklák 어클락]

뜻 …시

three o'clock 3시

of [əv 어브]

뜻 …의

We are pupils of this school.
우리는 이 학교의 학생이에요.

off [ɔːf 오프]

뜻 떨어져서, 떠나서

Switch off the light.
등불을 끄세요.

oil

office [ɔ́:fis 오피스]

뜻 사무실, 관청

office building 사무실용 건물
(오피스 빌딩)

often [ɔ́:fən 오픈]

뜻 자주, 빈번히

I often meet him.
(아이 오픈 밋 힘)
나는 그를 자주 만납니다.

oh [ou 오우]

뜻 오! 어머나!

Oh no! 안 돼!(끔찍해!)
(오우 노우)

oil [ɔil 오일]

뜻 기름, 석유

oil barrel 기름통
(오일 배럴)

OK

OK [óukéi 오우케이]
뜻 좋다, 됐다, 괜찮다

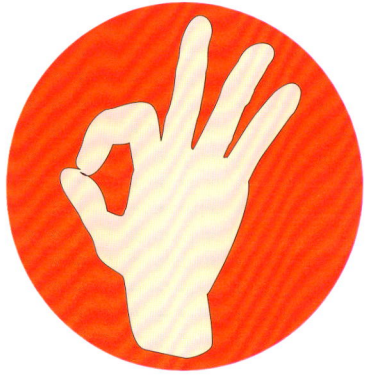

참고 all right보다 스스럼없는 표현입니다.

old [ould 오울드]
뜻 늙은, 낡은, …살

How old are you? 몇 살이에요?

on [ɔn 온]
뜻 …위에

There is a girl on slide.
미끄럼틀 위에 한 소녀가 있어요.

once [wʌns 원스]
뜻 한 번, 전에, 예전에

I go to church once a week.
나는 일주일에 한 번 교회에 가요.

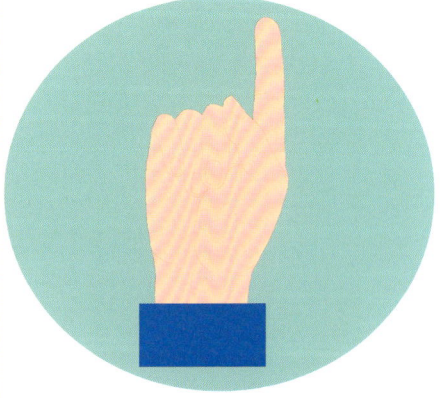

orange

only [óunli 오운리]

뜻 오직, 단지, 단 하나의

히 이즈 오운리 파이브 이이어즈 오울드
He is only five years old.
그는 5살밖에 되지 않았어요.

open [óupən 오우픈]

뜻 열다, 열린

오우픈 더 도
Open the door. 문을 열어라.

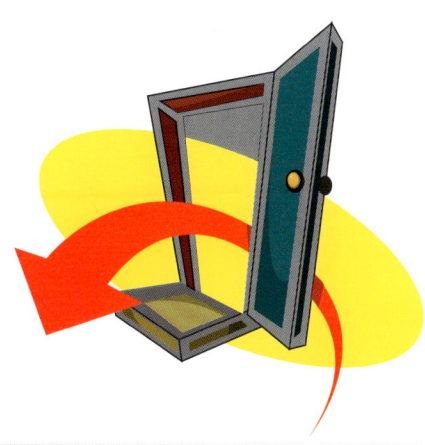

or [ɔːr 오]

뜻 혹은, 또는

이즈 댓 어 캣 오어 타이거
Is that a cat or a tiger?
저것은 고양이야, 호랑이야?

orange [ɔ́ːrindʒ 오린지]

뜻 오렌지

organ

organ [ɔ́ːrɡən 오건]
뜻 오르간

일렉트로닉 오건
electronic organ
전자 오르간

other [ʌ́ðər 어더]
뜻 다른

기브 미 썸 어더 프루츠
Give me some other fruits.
다른 과일들을 좀 주세요.

out [aut 아웃]
뜻 바깥에

디스 웨이 아웃
This way out. 이 쪽으로 나가세요.
(표지판)

over [óuvər 오우버]
뜻 …의 위에, …이상

데어 이즈 어 브리지 오우버 더 리버
There is a bridge over the river.
강 위에 다리가 있습니다.

paint

P p
[piː 피]

pizza

page [peidʒ 페이지]
뜻 페이지, 쪽

오우픈 유어 북스 투 페이지 텐
Open your books to page ten.
여러분의 책 10쪽을 펴세요.

pain [pein 페인]
뜻 아픔, 고통

paint [peint 페인트]
뜻 칠하다, 그리다, 물감

페인터
painter
페인트공, 화가

(원 헌드러드 앤드 피프티 쓰리) one hundred and fifty-three 153

pair

pair [pɛər 페어]
뜻 쌍, 켤레

a pair of sneaker
운동화 한 켤레

pants [pænts 팬츠]
뜻 바지

a pair of pants 바지 한 벌

paper [péipər 페이퍼]
뜻 종이

a sheet of paper 종이 한 장

pardon [páːrdn 파든]
뜻 용서하다

I beg your pardon.
용서해 주세요.

참고 끝을 올려서 말하면 "다시 한 번 말씀해 주세요."의 뜻이 됩니다.

parent [pέərənt 페어런트]

뜻 어버이, 부모

How are your parent?
부모님은 잘 계신가요?

park [pɑːrk 파크]

뜻 공원, 유원지

natoinal park 국립 공원

party [pάːrti 파티]

뜻 파티, 회합

a dinner party 만찬 모임

pass [pæs 패쓰]

뜻 ① 지나가다, 건네 주다
② 합격하다

I pass his house everday.
나는 매일 그의 집 앞을 지나가요.

pay

pay [pei 페이]

뜻 ①지불하다, 치르다
②임금, 급료

유 머스트 페이 텐 달러즈
You must pay ten dollars.
당신은 10달러를 내야 해요.

peace [piːs 피쓰]

뜻 평화

더브 이즈 더 씸벌 어브 피쓰
Dove is the symbol of peace.
비둘기는 평화의 상징입니다.

pear [pɛər 페어]

뜻 (먹는)배

pen [pen 펜]

뜻 펜

라이트 위드 어 펜
Write with a pen.
펜으로 글을 쓰세요.

piano

pencil [pénsəl 펜슬]
뜻 연필

This is a yellow pencil.
이것은 노란색 연필입니다.

people [píːpl 피플]
뜻 사람들, 국민, 민족

a lot of people 많은 사람들

pet [pet 펫]
뜻 애완 동물, 귀여워하는

Her pet is a dog.
그녀의 애완 동물은 개입니다.

piano [piǽnou 피애노우]
뜻 피아노

pianist 피아니스트

pick

pick [pik 픽]

뜻 ① 쑤시다, 후비다
② 따다, 뽑다, 줍다

돈(트)   픽   더   플라우어
Don't pick the flower.
꽃을 꺾지 맙시다.

picnic [píknik 피크닉]

뜻 피크닉, 소풍

렛츠 고우 온 어 피크닉
Let's go on a picnic.
피크닉을 갑시다.

picture [píktʃər 픽쳐]

뜻 그림, 사진, 영화

piece [pi:s 피쓰]

뜻 한 조각

퍼즐   피씨즈
puzzle pieces 퍼즐 조각

pig [pig 피그]
뜻 돼지

참고 돼지고기는 **pork**입니다.

pilot [páilət 파일럿]
뜻 조종사, 수로 안내인

a jet pilot 제트기 조종사

pin [pin 핀]
뜻 핀

safety pin
안전핀

pine [pain 파인]
뜻 소나무

pine tree(=pine)
소나무

one hundred and fifty-nine 159

pink

pink [piŋk 핑크]

뜻 ① 분홍빛(의), 핑크빛
② 패랭이꽃

pipe [paip 파이프]

뜻 관, (담배)파이프

place [pleis 플레이스]

뜻 장소, 좌석, 지위

호움 이즈 더 베스트 플레이스
Home is the best place.
집이 가장 좋은 곳입니다.

plan [plæn 플랜]

뜻 계획(하다), 설계도

아이 앰   플래닝   어 트립
I am planning a trip.
나는 여행 계획을 세우고 있어요.

please

plane [plein 플레인]

뜻 비행기

by plane 비행기로
바이 플레인

참고 plane은 airplane을 짧게 줄인 말입니다.
플레인 에어플레인

plant [plænt 플랜트]

뜻 ① 식물, 초목
② 공장(의 설비)

wild plants 야생 식물
와일드 플랜츠

play [plei 플레이]

뜻 놀다, 연주하다, 연기하다

He is playing cards.
히 이즈 플레잉 카즈
그는 카드 놀이를 하고 있어요.

please [pliːz 플리즈]

뜻 ① 기쁘게 하다
② 제발, 부디

This way, please.
디스 웨이 플리즈
이 쪽으로 오세요.

pocket

pocket [pákit 파킷]
뜻 호주머니

인 마이 파킷
in my pocket 내 주머니 안에

point [pɔint 포인트]
뜻 점, 요점

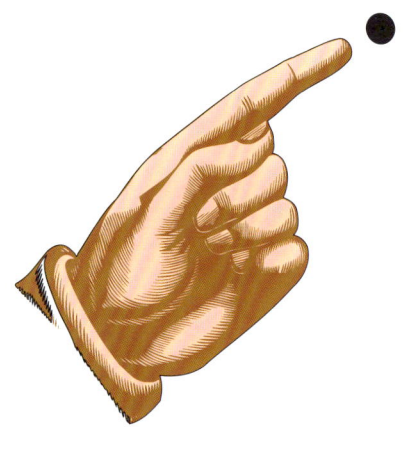

police [pəlí:s 펄리스]
뜻 경찰, 경찰관

펄리스먼
policeman
경찰관

pool [pu:l 풀]
뜻 수영장, 못, 웅덩이

스위밍 풀
swimming pool
수영장

potato

poor [puər 푸어]

뜻 가난한, 불쌍한

어 푸어 걸
a poor girl 불쌍한 소녀

post [póust 포우스트]

뜻 우편, 우체통

테이크 디스 레터 투 더 포우스트
Take this letter to the post.
이 편지를 부쳐 주세요.

poster [póustər 포우스터]

뜻 포스터, 벽보

potato [pətéitou 퍼테이토우]

뜻 감자

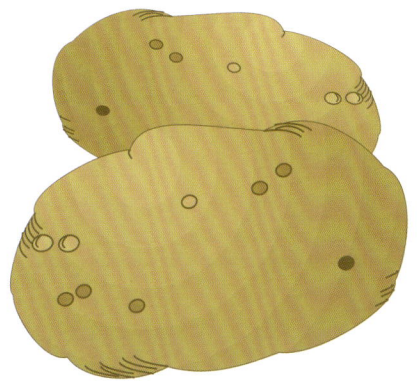

참고 스윗 퍼테이토우
sweet potato는 고구마입니다.

(원 헌드러드 앤드 씩스티 쓰리) one hundred and sixty-three 163

practice

[præktis 프랙티스]

뜻 연습, 연습하다

I practice the guitar everyday.
나는 매일 기타 연습을 해요.

present

[préznt 프레즌트]

뜻 ① 출석한, 지금, 현재
② 선물

a Christmas present
크리스마스 선물

pretty [príti 프리티]

뜻 예쁜, 귀여운

pretty flower 예쁜 꽃

print [print 프린트]

뜻 프린트, 인쇄(하다)

The book is not in print yet.
그 책은 아직 인쇄되지 않았어요.

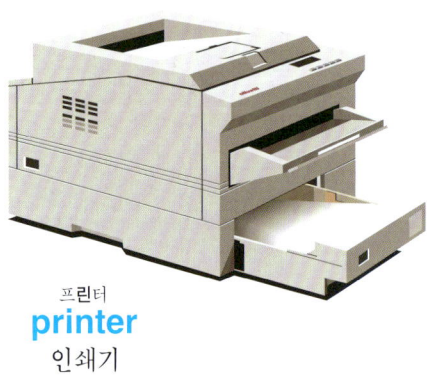

printer
인쇄기

put

problem
[prábləm 프라블럼]

뜻 문제, 의문

No problem. 문제 없어요.
(노우 프라블럼)

pull [pul 풀]

뜻 당기다, 끌다

She is pulling a toy ship.
(쉬 이즈 풀링 어 토이 쉽)
그녀는 장난감 배를 끌고 있어요.

push 밀다 (반대말)
(푸쉬)

push [puʃ 푸쉬]

뜻 밀다

pull 끌다, 당기다 (반대말)
(풀)

put [put 풋]

뜻 놓다, 두다

Put the book on the desk.
(풋 더 북 온 더 데스크)
책을 책상 위에 놓으세요.

(원 헌드러드 앤드 씩스티 파이브) one hundred and sixty-five 165

Q

[kju: 큐]

Q q

q

question mark

queen [kwi:n 퀸]

뜻 여왕

king 왕, 국왕(반대말)

question
[kwéstʃən 퀘스천]

뜻 질문, 물음

Answer my question.
나의 질문에 답하세요.

quick [kwik 퀵]

뜻 빠른, 빨리

Be quick! 빨리 하세요!

rainbow

R r
[ɑːr 아르]

rabbit

radio
[réidiou 레이디오우]
뜻 라디오

아이 해브 어 레이디오우
I have a radio.
나는 라디오 한 대를 가지고 있어요.

rain [rein 레인]
뜻 비, 비가 오다

잇 이즈 레이닝
It is raining. 비가 오고 있어요.

rainbow
[réinbóu 레인보우]
뜻 무지개

루크 앳 더 레인보우
Look at the rainbow.
무지개를 보세요.

(원 헌드러드 앤드 씩스티 쎄븐) one hundred and sixty-seven **167**

read

read [riːd 리드]

뜻 읽다, 독서하다

We are reading books.
우리는 책을 읽고 있어요.

ready [rédi 레디]

뜻 준비된

I'm ready to start.
나는 떠날 준비가 되었습니다.

real [riəl 리얼]

뜻 실제의, 진짜의

real diamond 진짜 다이아몬드

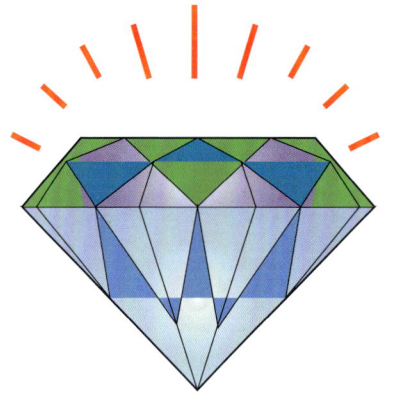

record [rikɔ́ːrd 리코드]

뜻 ① 녹음하다, 기록하다
② 음반, 기록 [rékərd 레커드]
로 발음합니다.

I recorded it in my diary.
나는 그것을 나의 일기에 적어 두었어요.

red [red 레드]

뜻 빨간색, 빨강

red carnation 빨간 카네이션

remember [rimémbər 리멤버]

뜻 기억하다

Do you remember him?
그를 기억하고 있어요?

repeat [ripíːt 리피트]

뜻 반복하다, 되풀이하다

Don't repeat the same mistake.
같은 잘못을 되풀이하지 말아.

rest [rest 레스트]

뜻 쉬다, 휴식

You need a rest.
당신은 휴식이 필요해요.

restaurant [réstərənt 레스터런트]
뜻 식당

return [ritə́ːrn 리턴]
뜻 돌아오다, 돌아가다

He returns home tomorrow.
그는 내일 집으로 돌아옵니다.

ribbon [ríbən 리번]
뜻 리본

She wears a ribbon.
그녀는 리본을 하고 있어요.

rice [rais 라이스]
뜻 밥, 쌀, 벼

a rice field 논, 무논

rich [ritʃ 리취]

뜻 돈 많은, 풍부한

He is rich. 그는 부자입니다.

ride [raid 라이드]

뜻 타다, 타기

He is riding a horse.
그는 말을 타고 있어요.

right [rait 라이트]

뜻 ① 오른쪽의
② 옳은, 정확한

right hand
오른손

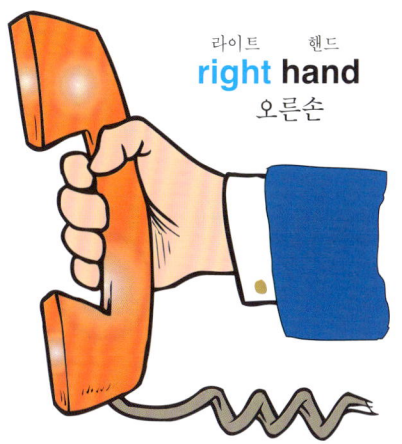

ring [riŋ 링]

뜻 ① 반지, 고리, 바퀴
② 울다, 울리다

a diamond ring 다이아몬드 반지

river

river [rívər 리버]
뜻 강, 내

road [roud 로우드]
뜻 길, 도로

country road 시골 길

robot [róubət 로우벗]
뜻 ①로보트, 인조 인간
　②자동 기계(장치)

rock [rɑk 락]
뜻 바위, 암석

room

rocket [rákit 라킷]
뜻 로켓

roll [roul 로울]
뜻 굴리다, 구르다

r

roof [ru:f 루프]
뜻 지붕

블루 루프
blue roof 파란색 지붕

room [ru:m 룸]
뜻 방

클래스룸
classroom
교실

(원 헌드러드 앤드 쎄븐티 쓰리) one hundred and seventy-three **173**

rose

rose [rouz 로우즈]

뜻 장미, 장미꽃, 장미색

어 레드 로우즈
a red rose
붉은 장미

round [raund 라운드]

뜻 동그란, 원, 빙 돌아

디 어쓰 무브즈 라운드 더 썬
The earth moves round the sun.
지구는 태양의 둘레를 돕니다.

rule [ru:l 룰]

뜻 규칙

룰즈 어브 보울링
rules of bowling 볼링의 규칙

ruler [rúːər 룰러]

뜻 자

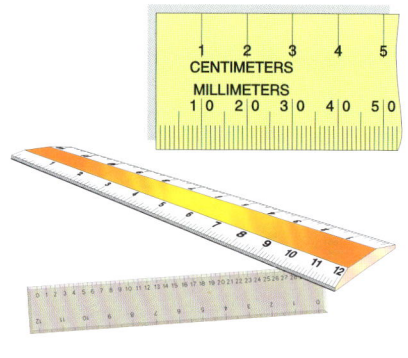

run [rʌn 런]

뜻 달리다, 흐르다

디어 런즈 베리 패스트
Deer runs very fast.
사슴은 매우 빨리 달려요.

safe

S s
[es 에스]

sack [sæk 쌕]
뜻 주머니, 자루

쌕 레이스
sack race
자루경주

skateboard

sad [sæd 쌔드]
뜻 슬픈

아이 앰 쌔드
I am sad. 나는 슬퍼요.

safe [seif 쎄이프]
뜻 ①안전한, 무사히
②금고

히 케임 호움 쎄이프
He came home safe.
그는 무사히 집에 돌아왔습니다.

salad

salad [sǽləd 쌜러드]
뜻 샐러드, 생채 요리

salt [sɔːlt 쏠트]
뜻 소금

쏠트 쉐이커
salt shaker 소금통

same [seim 쎄임]
뜻 같은, 똑같은

히 메이드 더 쎄임 미쓰테이크
He made the same mistake.
그는 똑같은 실수를 저질렀습니다.

sand [sænd 쌘드]
뜻 모래

쌘드 캐쓸
sand castle 모래성

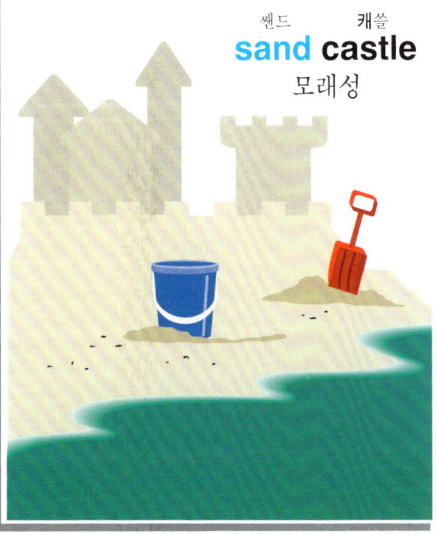

score

say [sei 쎄이]

뜻 말하다

Say what you think.
당신이 생각하고 있는 것을 말하세요.

school [skuːl 스쿨]

뜻 학교, 수업

School is begins at nine.
학교(수업)는 9시에 시작해요.

scissors [síːzərz 씨저즈]

뜻 가위

a pair of scissors 한 자루의 가위

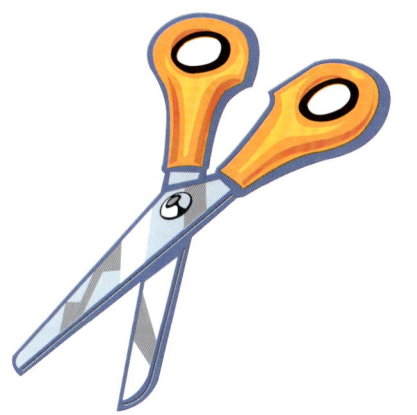

score [skɔːr 스코]

뜻 스코어, 점수, 득점

scoreboard
점수판

sea

sea [siː 씨] 뜻 바다

- 돌핀 **dolphin** 돌고래
- 훼일 **whale** 고래
- 말린 **marlin** 청새치
- 씰 **seal** 물개
- 스쿼드 **squid** 오징어
- 샤크 **shark** 상어
- 스터전 **sturgeon** 철갑상어
- 헤링 **herring** 청어
- 매커럴 **mackerel** 고등어
- 퍼취 **perch** 농어
- 레이 **ray** 가오리
- 일 **eel** 장어
- 크랩 **crab** 게
- 펄 오이스터 **pearl oyster** 진주조개
- 터틀 **tutle** 거북
- 랍스터 **lobster** 바닷가재

178 one hundred and seventy-eight (원 헌드러드 앤드 쎄븐티 에잇)

season [síːzn 씨즌] 뜻 계절

There are four seasons in a year.
1년에는 네 계절이 있습니다.

spring
봄

summer
여름

What season do you like best?
무슨 계절을 가장 좋아하세요?

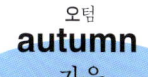

autumn
가을

winter
겨울

I like winter best.
겨울을 제일 좋아합니다.

seat

seat [siːt 씨트]

뜻 좌석

테이크 어 씨트 플리즈
Take a seat, please.
자리에 앉으세요.

see [siː 씨]

뜻 보다, 만나다

씨 유 터마로우
See you tomorrow.
내일 만나요.

sell [sel 쎌]

뜻 팔다, 팔리다

자이언트 쎄일
giant sale
큰 세일

send [send 쎈드]

뜻 (물건을) 보내다

쎈(드) 더 달 투 허
Send the doll to her.
인형을 그녀에게 보내세요.

shape

service
[sə́ːrvis 써비스]

뜻 서비스, 봉사, 시중들기

애프터 써비스
after service 판매 후의 봉사

set [set 셋]

뜻 ①놓다, 맞추다
② (해나 달 등이) 지다

더 썬 셋츠 인 더 웨스트
The sun sets in the west.
해는 서쪽으로 집니다.

shall [ʃæl 샐]

뜻 ①…일 것이다
②…일까요? …할까요?

샐 아이 오우픈 더 윈도우
Shall I open the window?
창문을 열까요?

shape [ʃeip 셰이프]

뜻 꼴, 모양

왓 셰이프 이즈 잇
What shape is it?
그것은 무슨 모양입니까?

she

she [ʃiː 쉬]

뜻 그 여자는

She is Jane. 그 여자는 제인입니다.

sheep [ʃiːp 쉬프]

뜻 양

sheet [ʃiːt 쉬트]

뜻 ①(침대 등의) 시트
②(종이 등의) 한 장

ship [ʃip 쉽]

뜻 (대형의) 배

He went to America by ship.
그는 배를 타고 미국으로 갔어요.

shirt [ʃəːrt 셔트]

뜻 셔츠

This shirt is too big for me.
이 셔츠는 나에게 너무 커요.

shoe [ʃuː 슈]

뜻 구두, 신발

어 페어 어브 슈즈
a pair of shoes 구두 한 켤레

shoot [ʃuːt 슈트]

뜻 쏘다, 맞히다

히 이즈 슈팅 어 건
He is shooting a gun.
그는 총을 쏘고 있어요.

shop [ʃɑp 샵]

뜻 가게

샤핑
shopping
물건사기

short [ʃɔːrt 쇼트]

뜻 짧은, 키가 작은

쉬 이즈 쇼터 댄 히
She is shorter than he.
그녀는 그이보다
키가 작아요.

shoulder [ʃóuldər 쇼울더]

뜻 어깨

쉬 해즈 어 스키 온 허 쇼울더
She has a ski on her shoulder.
그녀는 스키를 어깨에 메고 있어요.

shout

shout [ʃaut 샤우트]

뜻 소리치다, 외침

He shouts for Chang-Su to come.
그는 창수에게 오라고 소리를 쳤습니다.

show [ʃou 쇼우]

뜻 보여 주다, 안내하다

Show me your camera.
네 카메라를 보여 줘.

shower [ʃáuər 샤우어]

뜻 샤워, 소나기

shower bath 샤워, 샤워실

shut [ʃʌt 셧]

뜻 닫다, 닫히다

Shut your book. 책을 덮으세요.

silver

sick [sik 씨크]

뜻 병난, 아픈

He is sick. 그이는 병이 났어요.
(히 이즈 씩)

side [said 싸이드]

뜻 옆, 쪽

side by side 나란히 (서) 있는
(싸이드 바이 싸이드)

sign [sain 싸인]

뜻 ① 기호, 표시, 신호
② 사인하다, 서명하다

silver [sílvər 씰버]

뜻 은, 은빛의

silver medal
(씰버 메들)
은메달

sing

sing [siŋ 씽]

뜻 노래하다, 지저귀다

쉬 씽즈 웰
She sings well.
그녀는 노래를 잘 불러요.

씽어
singer
가수

sir [sər 써]

뜻 귀하, 선생님

굿 모닝 써
Good morning, sir.
선생님, 안녕하세요?

sister [sístər 씨스터]

뜻 자매

쉬 이즈 마이 영거 씨스터
She is my younger sister.
그녀는 내 여동생이야.

sit [sit 씻]

뜻 앉다

씻 다운 플리즈
Sit down, please. 앉으세요.

sky

size [saiz 싸이즈]

뜻 크기, 치수

large size
큰 치수

skate [skeit 스케이트]

뜻 스케이트(를 타다)

Let's go to skate.
스케이트 타러 가자.

skirt [skə:rt 스커트]

뜻 스커트, 치마

She wears blue skirt.
그녀는 푸른색 스커트를 입고 있어요.

sky [skai 스카이]

뜻 하늘

a blue sky 푸른 하늘

parachute
낙하산

sleep

sleep [sli:p 슬리프]
뜻 자다, 잠

The boy is sleeping.
그 소년은 자고 있어요.

slide [slaid 슬라이드]
뜻 미끄럼틀, 미끄러지다

slow [slou 슬로우]
뜻 느린, 천천히

They are slow runners.
그들은 달리는 것이 느립니다.

small [smɔ:l 스몰]
뜻 작은

Look at that small fish.
저 작은 물고기를 보세요.

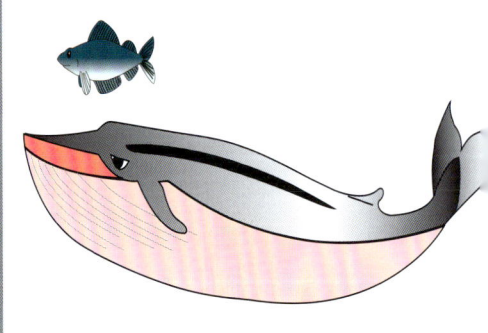

smell [smel 스멜]

뜻 냄새(나다), 냄새 맡다

This pie smells good.
이 파이는 맛있는 냄새가 납니다.

smile [smail 스마일]

뜻 미소, 미소짓다

He is smiling.
그는 미소짓고 있어요.

smoke [smouk 스모우크]

뜻 연기, 담배를 피우다

snow [snou 스노우]

뜻 눈, 눈이 오다

snowman 눈사람

so

so [sou 쏘우]
뜻 그렇게, 그래서

아이 돈(트) 씽(크) 쏘우
I don't think so.
나는 그렇게 생각하지 않아요.

soap [soup 쏘우프]
뜻 비누

어 케이크 어브 쏘우프
a cake of soap 비누 한 개

soccer [sákər 싸커]
뜻 축구

렛츠 플레이 싸커
Let's play soccer. 축구하자.

sock [sɑk 싹]
뜻 짧은 양말

어 페어 어브 싹스
a pair of socks 양말 한 켤레

참고 긴 양말은 **stocking** (스타킹)

song

soft [sɔːft 쏘프트]

뜻 부드러운, 상냥한

쏘프트 케이크
soft cake 부드러운 케이크

some [sʌm 썸]

뜻 약간의, 어떤

아이 해브 썸 잉글리쉬 북스
I have some English books.
나는 영어책 몇 권을 가지고 있어요.

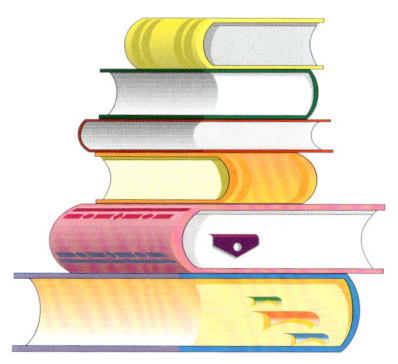

son [sʌn 썬]

뜻 아들

파더 앤드 썬
father and son 아버지와 아들

song [sɔŋ 쏭]

뜻 노래, 소리

쉬 씽즈 어 쏭
She sings a song.
그녀는 노래를 부르고 있어요.

soon

soon [suːn 쑨]

뜻 얼마 안 가서, 곧

He will soon be back. 그는 곧 돌아올 거예요.
_{히 윌 쑨 비 백}

sorry [sɔ́ːri 쏘리]

뜻 미안합니다, 슬픈

I'm sorry I'm late. 늦어서 미안합니다.
_{아임 쏘리 아임 레이트}

sound [saund 싸운드]

뜻 소리(나다), 들리다

The music sounds good. 좋은 음악입니다.
_{더 뮤직 싸운즈 굿}

soup [suːp 수프]

뜻 수프

He is eating soup. 그는 수프를 먹고 있어요.
_{히 이즈 이팅 수프}

south [sauθ 싸우쓰]

뜻 남쪽

South America 남 아메리카
_{싸우쓰 어메리커}

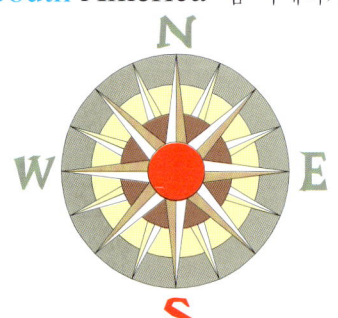

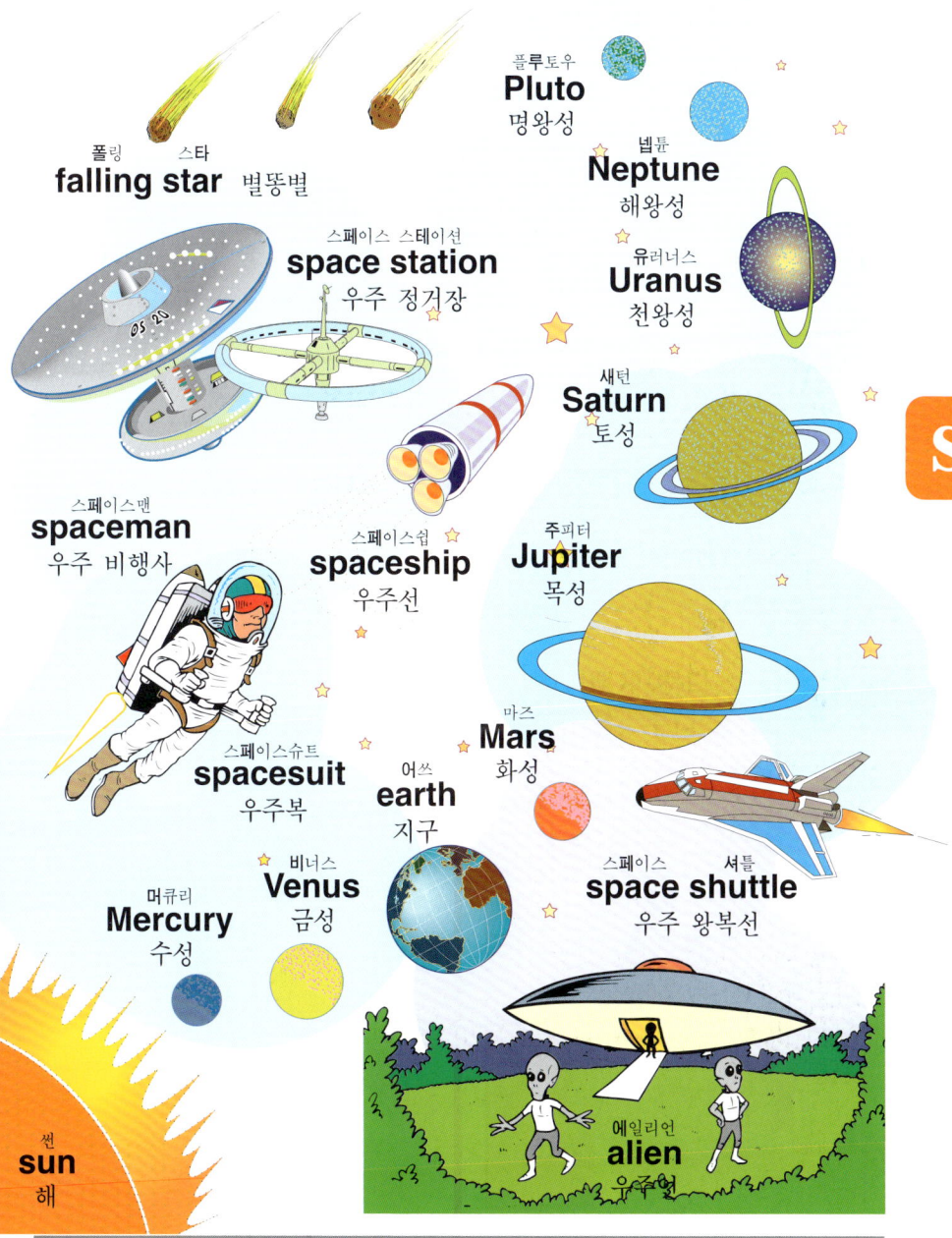

spark

spark [spɑːrk 스파크]

뜻 불꽃, 불똥

스파크 플러그
spark plug
점화기

speak [spiːk 스피크]

뜻 이야기하다, 말하다

두 유 스피크 잉글리쉬
Do you speak English?
당신은 영어를 말합니까?

special [spéʃəl 스페셜]

뜻 특별한, 독특한

디스 플라우어 해즈 어 스페셜 플레이버
This flower has a special flavor.
이 꽃은 독특한 향기를 가지고 있어요.

speed [spiːd 스피드]

뜻 속도, 속력

스피드 스케이팅
speed skating
스피드 스케이팅 경기

spoon

spell [spel 스펠]

뜻 철자하다

How do you spell boy?
'보이'를 어떻게 쓸까요?
It's spelled b-o-y.
'비-오우-와이'라고 씁니다.

spend [spend 스펜드]

뜻 ① 소비하다, 쓰다
② (시간을) 보내다

Did you spend all the money?
그 돈을 다 써 버렸니?

spider [spáidər 스파이더]

뜻 거미

a spider's web 거미집(줄)

spoon [spu:n 스푼]

뜻 숟가락

(원 헌드러드 앤드 나인티 파이브) one hundred and ninety-five 195

sport

sport [spɔːrt 스포트] 뜻 운동, 경기, 스포츠

왓 카인드 어브 스포츠 두 유 라이크 베스트
What kind of sports do you like best?
당신은 무슨 운동을 제일 좋아합니까?

싸커
soccer
축구

풋볼
football
미식 축구

배스킷볼
basketball
농구

발리볼
volleyball
배구

spring

spring [spriŋ 스프링]

뜻 ① 봄
② 스프링, 용수철

square [skwɛər 스퀘어]

뜻 정사각형

stair [stɛər 스테어]

뜻 계단

The baby climbs the stairs.
아기가 계단을 오르고 있어요.

stamp [stæmp 스탬프]

뜻 우표, 스탬프(를 찍다)

station

stand [stænd 스탠드]

뜻 ① 서다, 서 있다
② 관람석

스탠드 업 플리즈
Stand up, please. 일어서세요.

star [stɑːr 스타]

뜻 별, 인기 배우

더 스타즈 튕클 앳 나이트
The stars twinkle at night.
별은 밤에 빛나지요.

S

start [stɑːrt 스타트]

뜻 출발(하다), 시작(하다)

station [stéiʃən 스테이션]

뜻 역, 정거장

(원 헌드러드 앤드 나인티 나인) one hundred and ninety-nine 199

stay

stay [stei 스테이]
뜻 머물다, 체류하다

He is staying at New York.
그는 뉴욕에 머무르고 있어요.

steam [sti:m 스팀]
뜻 스팀, 김

step [step 스텝]
뜻 ①걸음, 계단
②걷다

Watch your step! 발 조심 하세요!

stick [stik 스틱]
뜻 ①지팡이, 막대기
②찌르다, 붙이다

storm

stone [stoun 스토운]
뜻 돌

스토운 액스
stone ax
돌도끼

stop [stɑp 스탑]
뜻 멈추다, 그만두다

store [stɔːr 스토]
뜻 ① 가게, 상점
② 저장(하다)

아임 고우잉 투 더 프루트 스토
I'm going to the fruit store.
나는 과일 가게에 가고 있어요.

storm [stɔːrm 스톰]
뜻 폭풍우

애프터 어 스톰 컴즈 캄
After a storm comes calm.
폭풍 뒤에 고요가 온다. (속담)

story

story [stɔ́ːri 스토리]
뜻 이야기

스토리 북
story book
이야기책

stove [stouv 스토우브]
뜻 난로

straight [streit 스트레이트]
뜻 똑바른, 똑바로

고우 스트레이트
Go straight. 똑바로 가세요.

strange [streindʒ 스트레인지]
뜻 ①이상한, 기묘한
②낯선, 미지의

스트레인지   다이너쏘
strange dinosaur 이상한 공룡

strawberry

[strɔ́:bèri 스트로베리]

뜻 딸기

street

[stri:t 스트리트]

뜻 거리, 중심가

a shopping street 상점가

strike

[straik 스트라이크]

뜻 ① 치다, 부딪치다
② (야구의) 스트라이크

strong

[strɔŋ 스트롱]

뜻 강한, 힘센

He has strong arms.
그는 팔의 힘이 강합니다.

student

student
[stjú:dənt 스튜던트]

뜻 학생

참고 초등 학생은 **pupil**입니다. (퓨플)

study [stʌ́di 스터디]

뜻 공부하다, 연구하다

She is studing English.
(쉬 이즈 스터딩 잉글리쉬)
그녀는 영어를 공부하고 있어요.

stupid
[stjú:pid 스튜피드]

뜻 어리석은, 멍청한

subway
[sʌ́bwèi 써브웨이]

뜻 지하철

subway train
(써브웨이 트레인)
지하철 열차

supermarket

sugar [ʃúgər 슈거]

뜻 설탕

플리즈 풋 더 슈거 인 잇
Please put the sugar in it.
그 속에 설탕을 넣으세요.

summer [sʌ́mər 써머]

뜻 여름, 여름의

위 해브 어 베이케이션 인 써머
We have a vacation in summer.
우리는 여름에 휴가가 있어요.

sun [sʌn 썬]

뜻 태양, 해, 햇빛

더 썬 라이지즈 인 디 이스트
The sun rises in the east.
해는 동쪽에서 뜨지요.

supermarket [sjú:pərmɑ:rkit 슈퍼마킷]

뜻 슈퍼마켓

(투 헌드러드 앤드 파이브) two hundred and five 205

supper [sápər 써퍼]

뜻 저녁 식사

애프터 써퍼 아이 와취 텔러비전
After supper I watch television.
나는 저녁을 먹은 뒤 텔레비전을 봅니다.

sure [ʃuər 슈어]

뜻 확실한, 틀림없는

아 유 슈어 쉬일 컴
Are you sure she'll come?
그녀가 오는 것이 확실해요?

surprise [sərpráiz 써프라이즈]

뜻 놀라게 하다

돈(트) 써프라이즈 탐
Don't surprise Tom.
탐을 놀라게 하지 마세요.

sweater [swétər 스웨터]

뜻 스웨터

switch

sweet [swiːt 스위트]

뜻 달콤한, 즐거운

sweet home 즐거운 가정
(스위트 호움)

swim [swim 스윔]

뜻 수영하다, 헤엄치다

Can you swim?
(캔 유 스윔)
수영할 줄 아세요?

swing [swiŋ 스윙]

뜻 ①흔들다, 흔들리다
②그네

switch [switʃ 스위치]

뜻 스위치

Switch on the light.
(스위치 온 더 라이트)
전등을 켜세요.

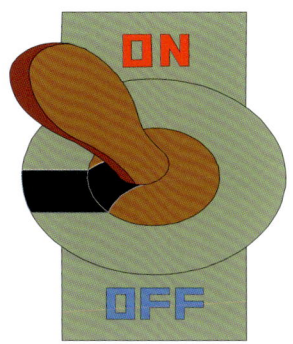

(투 헌드러드 앤드 쎄븐)two hundred and seven 207

T

[ti: 티]

T t

trumpet

table [téibl 테이블]

뜻 테이블, 탁자

데이 아 앳 테이블
They are at table.
그들은 식사 중입니다.

take [teik 테이크]

뜻 ① 잡다, 손에 쥐다
② (음식물 등을) 먹다
③ 가져가다, 데려가다
④ (탈것에) 타다

위 테이크 런취 앳 눈
We take lunch at noon.
우리는 정오에 점심을 먹습니다.

쉬 테이크스 어 플라우어 인 허 핸드
She takes a flower in her hand.
그녀는 손에 꽃을 쥐고 있어요.

talk [tɔ:k 토크]

뜻 말하다

파더 이즈 토킹 투 힘
Father is talking to him.
아버지는 그와 이야기하고 있어요.

taxi

tall [tɔːl 톨]
뜻 키가 큰

저래프
giraffe
기린

tape [teip 테이프]
뜻 테이프, 좁고 납작한 끈

taste [teist 테이스트]
뜻 ① 맛, 맛을 보다
② 취미

taxi [tǽksi 택씨]
뜻 택시

고우 바이 **택씨**
Go by taxi. 택시로 가세요.

tea

tea [ti: 티]

뜻 (마시는) 차

플리즈 해브 어 컵 어브 티
Please have a cup of tea.
차 한 잔 드세요.

teach [ti:tʃ 티취]

뜻 가르치다

티춰
teacher 선생님

team [ti:m 팀]

뜻 팀, 조

어 럭비 팀
a rugby team 럭비 팀

telephone
[téləfòun 텔러포운]

뜻 전화, 전화기

텔러포운
참고 telephone을 짧게 줄여서
phone[포운]으로도 많이 씁니다.

tennis

television [téləviʒən 텔러비전]
뜻 텔레비전

아이 와취 텔러비전 애프터 디너
I watch television after dinner.
나는 저녁 식사 후에 텔레비전을 봐요.

tell [tel 텔]
뜻 말하다

텔 더 뉴즈 투 미
Tell the news to me.
뉴스를 나에게 말해 주세요.

temple [témpl 템플]
뜻 신전, 사원

tennis [ténis 테니스]
뜻 테니스, 정구

캔 유 플레이 테니스
Can you play tennis?
테니스 할 줄 아세요?

타지 머할
Taj Mahal 타지마할(인도에 있음)

(투 헌드러드 앤드 일레븐)two hundred and eleven 211

test [test 테스트]

뜻 테스트(하다), 시험(하다)

than [ðæn 댄]

뜻 …보다

He is older than she.
그는 그 여자보다 나이가 많아요.

thank [θæŋk 쌩크]

뜻 감사, 감사하다

Thank you. 감사합니다.

that [ðæt 댓]

뜻 저것(은, 의)

What's that? 저것이 뭐야?

they

the [ðə 더, ði 디]

뜻 그

The dog runs very fast.
더 독 런즈 베리 패스트
그 개는 매우 빨리 달려요.

참고 자음 앞에서는 [더]로, 모음 앞에서는 [디]로 발음합니다.

then [ðen 덴]

뜻 ①그 때에, 그 당시에
②그리고서, 그러면

We were in the park then.
위 워 인 더 파크 덴
우리는 그 때 공원에 있었어요.

there [ðɛər 데어]

뜻 거기에, 거기서

I go there everyday.
아이 고우 데어 에브리데이
나는 매일 그 곳에 갑니다.

here 여기에 (반대말)
히어

they [ðei 데이]

뜻 그들을, 그것들을

Who are they? 그들은 누구입니까?
후 아 데이

(투 헌드러드 앤드 써틴) two hundred and thirteen 213

thick

thick [θik 씨크]
뜻 두꺼운, 굵은, 진한

thick leg 굵은 다리
(씨크 레그)

thin [θin 씬]
뜻 마른, 가는, 여윈, 엷은

Who is that thin boy?
(후 이즈 댓 씬 보이)
저 여윈 소년은 누구지요?

thing [θiŋ 씽]
뜻 물건, 것

a lot of things 많은 물건들
(어 랏 어브 씽즈)

think [θiŋk 씽크]
뜻 생각하다

thinker (씽커)
생각하는 사람

through

thirsty
[θə́ːrsti 써스티]

뜻 목마른

Oh, I'm thirsty. 아, 목말라.
오우 아임 써스티

this [ðis 디스]

뜻 이것, 이

This is a letter. 이것은 편지입니다.
디스 이즈어 레터

thousand
[θáuzənd 싸우전드]

뜻 천, 1000

one thousand dollars 1천 달러
원 싸우전드 달러즈

through
[θruː 쓰루]

뜻 …을 통하여

through the window
쓰루 더 윈도우

창문을 통하여

(투 헌드러드 앤드 피프틴) two hundred and fifteen 215

throw

throw [θrou 쓰로우]

뜻 던지다

Throw the ball to me.
나에게 공을 던져라.

ticket [tíkit 티킷]

뜻 표, 승차권

a bus ticket 버스표

tie [tai 타이]

뜻 ① 매다, 묶다
② 넥타이

tiger [táigər 타이거]

뜻 호랑이

to

till [til 틸]
뜻 …까지

아일 비 백 틸 쓰리 어클락
I'll be back till three o'clock.
3시까지 돌아오겠습니다.

time [taim 타임]
뜻 시간, 때

아이 해브 노우 타임 투 스페어
I have no time to spare.
나는 지금 시간이 급해요.

tired [táiərd 타이어드]
뜻 피곤한, 싫증난

아임 타이어드
I'm tired. 나는 피곤합니다.

to [tu 투]
뜻 …로, …까지

아이 고우 터 춰ㅊ 온 썬데이
I go to church on Sunday.
나는 일요일에 교회를 갑니다.

참고 자음 앞에서는 [tə 터]로 발음합니다.

today

today [tədéi 터데이]

뜻 오늘, 오늘은

Today is Sunday.
오늘은 일요일입니다.

together [təgéðər 터게더]

뜻 함께

all *together*
모두 함께

tomato [təméitou 터메이토우]

뜻 토마토

tomorrow [təmárou 터마로우]

뜻 내일

See you tomorrow.
내일 만나요.

tool

tonight [tənáit 터나잇]

뜻 오늘 밤

아이 리브 서울 앳 텐 터나잇
I leave Seoul at ten tonight.
나는 오늘 밤 10시에 서울을 떠나요.

too [tu: 투]

뜻 역시, 또한, 너무

아이 캔 플레이 더 피애노우 투
I can play the piano, too.
나는 피아노도 칠 수 있어요.

tool [tu:l 툴] 뜻 도구, 연장

어   카펀터즈   툴즈
a carpenter's tools 목공용 도구

드릴
drill
드릴

플라이어즈
pliers
펜치

스크루드라이버
screwdriver
나사 돌리개

해머
hammer
망치

(투 헌드러드 앤드 나인틴) two hundred and nineteen 219

tooth

tooth [tuːθ 투쓰]

뜻 이

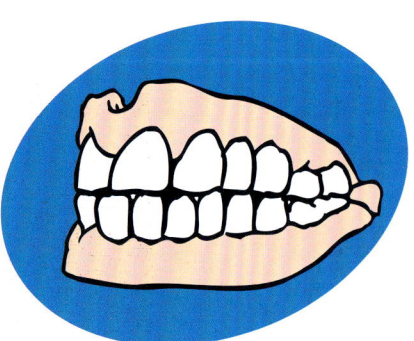

티쓰
teeth
이들(복수)

touch [tʌtʃ 터취]

뜻 손대다, 만지다

돈(트) 터취 더 토이
Don't touch the toy.
그 장난감에 손대지 마세요.

top [tɑp 탑]

뜻 꼭대기, 첫째의

탑 어브 더 타우어
top of the tower 탑 꼭대기

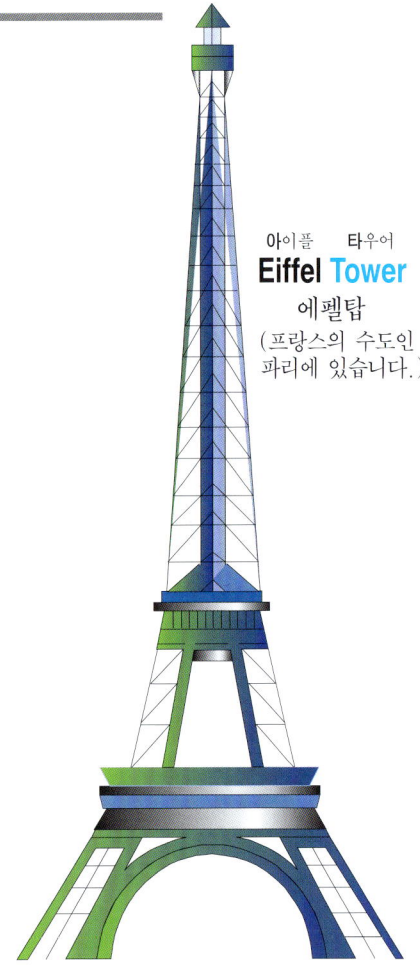

아이플 타우어
Eiffel Tower
에펠탑
(프랑스의 수도인
파리에 있습니다.)

tower [táuər 타우어]

뜻 탑

travel

town [taun 타운]

뜻 마을, 읍, 시

아이 리브 인 어 스몰 타운
I live in a small town.
나는 작은 마을에 살아요.

toy [tɔi 토이]

뜻 장난감

데이 아 플레잉 위드 토이즈
They are playing with toys.
그들은 장난감을 가지고 놀고 있어요.

train [trein 트레인]

뜻 ①열차, 기차
②훈련하다

아이 고우 터 스쿨 바이 트레인
I go to school by train.
나는 기차로 통학합니다.

travel [trǽvəl 트래블]

뜻 여행(하다)

히 이즈 트래블링 어라운드 더 월드
He is traveling around the world.
그는 세계 일주 여행을 하고 있어요.

레일
rail
레일

tree

tree [triː 트리]

뜻 나무

apple tree 애플 트리 사과나무

trip [trip 트립]

뜻 여행

He went on a trip to America.
히 웬트 온 어 트립 투 어메리커
그는 미국에 여행 갔습니다.

truck [trʌk 트럭]

뜻 트럭, 화물 자동차

true [truː 트루]

뜻 정말의, 진실한

true happiness 참 행복
트루 해피니스

twice

try [trai 트라이]
뜻 해 보다, 노력하다

트라이 투 힛 디스 볼
Try to hit this ball. 이 공을 쳐 봐.

tulip [tjú:lip 튤립]
뜻 튤립

turn [təːrn 턴]
뜻 돌리다, 돌다

턴 투 더 레프트 앳 더 코너
Turn to the left at the corner.
모퉁이에서 왼쪽으로 도세요.

U-turn
유턴

twice [twais 트와이스]
뜻 두 번, 두 배

리드 잇 트와이스
Read it twice. 그것을 두 번 읽으세요.

(투 헌드러드 앤드 트웬티 쓰리) two hundred and twenty-three

U

[juː 유]
U u

unicorn

UFO
[júːefóu 유에프오우]
뜻 비행 접시(미확인 비행 물체)

플라잉 쏘써
flying saucer 비행 접시

umbrella
[ʌmbrélə 엄브렐러]
뜻 우산

uncle [ʌ́ŋkl 엉클]
뜻 아저씨, 삼촌, 숙부

아이 해브 원 엉클
I have one uncle.
나에게는 아저씨 한 분이 계세요.

university

under [ʌ́ndər 언더]

뜻 …밑에

under the table 테이블 밑에

understand
[ʌ̀ndərstǽnd 언더스탠드]

뜻 이해하다, 알다

Do you understand?
이해하시겠어요?

uniform
[júːnəfɔ̀ːrm 유너폼]

뜻 유니폼, 제복

They are in uniform.
그들은 제복을 입고 있어요.

university
[jùːnəvə́ːrsəti 유너버서티]

뜻 (종합)대학교

university student 대학생

참고 college는 단과 대학

until [əntíl 언틸]

뜻 …까지

Please wait until seven.
7시까지 기다려 주세요.

up [ʌp 업]

뜻 ①위로, 위에
②일어나서

look up
쳐다보다

use [juːz 유즈]

뜻 사용(하다), 쓰다

May I use your pen?
당신의 펜을 써도 될까요?

usual [júːʒuəl 유주얼]

뜻 평소의, 보통의

Come here earlier than usual today. 오늘은 평소보다 일찍 오세요.

vase

[vi: 비]

V v

vacation
[veikéiʃən 베이케이션]

뜻 방학, 휴가

써머 베이케이션
summer vacation 여름 휴가

vacuum

valley [vǽli 밸리]

뜻 계곡

씰러컨 밸리
Silicon Valley 실리콘 밸리
(전자 산업이 발달한 샌프란시스코의 분지)

vase [veis 베이스]

뜻 꽃병

풋 더 베이스 온 더 테이블
Put the vase on the table.
책상 위에 꽃병을 놓으세요.

vegetable

vegetable [védʒitəbl 베지터블] 뜻 채소, 야채, 식물

왓　　베지터블　　두　유　라이크　베스트
What vegetables do you like best?
당신은 어떤 채소를 제일 좋아합니까?

퍼테이토우
potato
감자

캐비지
cabbage
양배추

스위트　퍼테이토우
sweet potato
고구마

피
pea
완두콩

머쉬룸
mushroom
버섯

레티스
lettuce
양상추

펌프킨
pumpkin
호박

브라컬리
broccoli
브로콜리

아티쵸우크
artichoke
아티초크

갈릭
garlic
마늘

vegetable

vehicle

vehicle [víːikl 비클] 뜻 탈것, (운반) 차

케이블 카
cable car
케이블 카

마너레일
monorail
모노레일

트럭
truck
트럭

써브웨이 트레인
subway train
지하철 열차

모우터싸이클
motorcycle
오토바이

레이씽 카
racing car
경주용 자동차

토우 트럭
tow truck
견인차

바이시클
bicycle
자전거

vehicle

에어플레인
airplane
비행기

헬리캅터
helicopter
헬리콥터

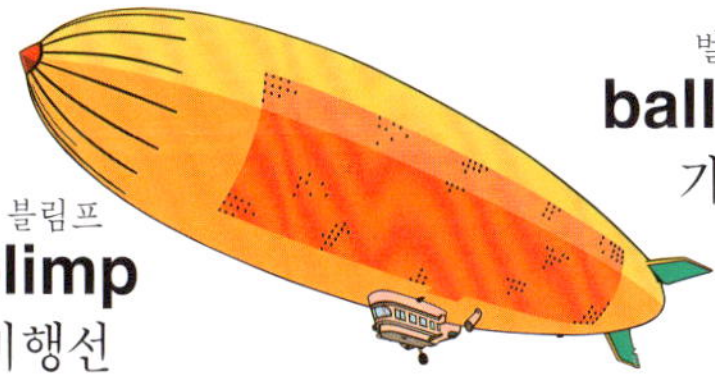

블림프
blimp
비행선

벌룬
balloon
기구

캐리쥐
carriage
마차

트레인
train
기차

워 쉽
war ship
군함

쎄일보우트
sailboat
돛단배

very

very [véri 베리]

뜻 매우, 아주

Very good! 매우 좋아요!
베리   굿

victory [víktəri 빅터리]

뜻 승리

video [vídiòu 비디오우]

뜻 비디오의, 영상

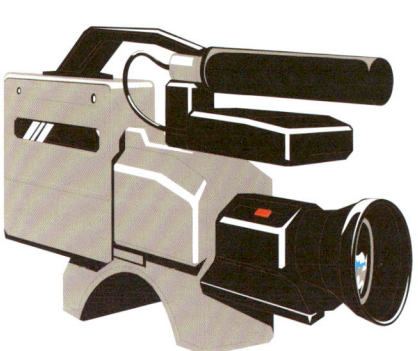

video camera
비디오우 캐머러
비디오 카메라

village [vílidʒ 빌리지]

뜻 마을, 농촌

I live in a small village.
아이 리브 인 어 스몰   빌리지
나는 작은 농촌에 살고 있어요.

volcano

violin [vàiəlín 바이얼린]
뜻 바이올린

She plays the violin well.
그녀는 바이올린 연주를 잘 합니다.

visit [vízit 비짓]
뜻 방문, 방문하다

He'll visit Mokpo next week.
그는 다음 주에 목포를 방문합니다.

voice [vɔis 보이스]
뜻 목소리

She has a sweet voice.
그녀는 아름다운 목소리를 갖고 있어요.

volcano [vɑlkéinou 발케이노우]
뜻 화산

(투 헌드러드 앤드 써티 쓰리) two hundred and thirty-three

W

[dʌ́blju: 더블유]

whale

wait [weit 웨이트]

뜻 기다리다

He is waitting for bus.
그는 버스를 기다리고 있어요.

wake [weik 웨이크]

뜻 깨다, 깨우다

I wake up at six everyday.
나는 매일 6시에 일어납니다.

walk [wɔːk 워크]

뜻 걷다, 산보, 산보하다

I walk to school.
나는 걸어서 학교에 갑니다.

wall [wɔ:l 월] 뜻 벽

그레이트 월
great wall
만리 장성(중국에 있음)

want [wɔnt 원트]

뜻 원하다, …하고 싶다

왓 두 유 원트
What do you want?
무엇을 원하세요?

war [wɔ:r 워]

뜻 전쟁

피스
peace 평화(반대말)

warm [wɔ:rm 웜]

뜻 따뜻한

잇 이즈 웜 터데이
It is warm today.
오늘은 따뜻해요.

wash [wɑʃ 와쉬]

뜻 씻다, 세탁하다

waste [weist 웨이스트]

뜻 낭비, 낭비하다

웨이스트배스킷
wastebasket 쓰레기통, 휴지통

water [wɔ́:tər 워터]

뜻 물, 물을 뿌리다

워터폴
waterfall 폭포

way [wei 웨이]

뜻 ①길, 거리 ②방법, 방향

이즈 디스 더 웨이 투 서울
Is this the way to Seoul?
이 길이 서울로 가는 길인가요?

we [wi: 위]

뜻 우리들은(이)

위 아 어메리컨즈
We are Americans.
우리들은 미국인입니다.

weather

weak [wiːk 위크]
뜻 약한

He has a weak leg.
그의 다리는 약해요.

wear [wɛər 웨어]
뜻 입다, 신다, 끼다

He wears a blue hat.
그는 파란 모자를 쓰고 있어요.

weather [wéðər 웨더] 뜻 날씨, 일기

How's the weather?
오늘 날씨는 어떤가요?

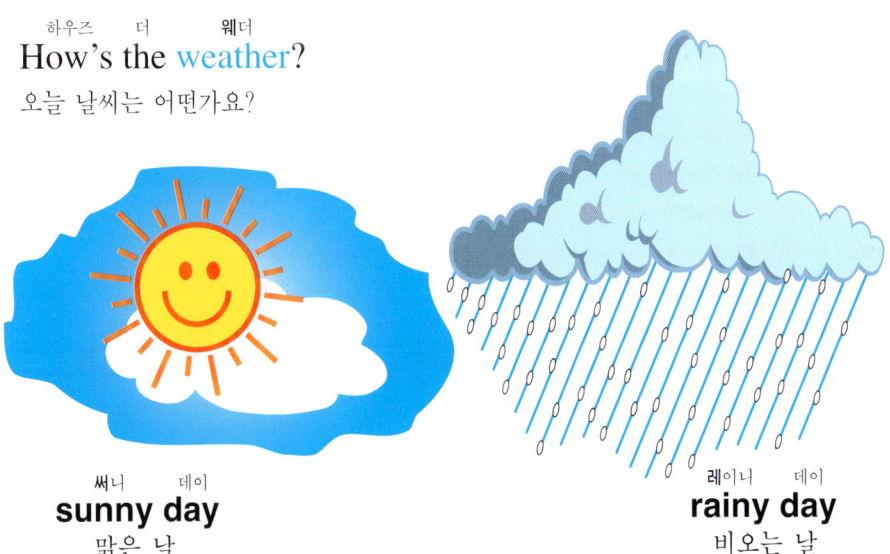

sunny day
맑은 날

rainy day
비오는 날

week

week [wi:k 위크] 뜻 주, 일주일

A week has seven days.
일주일은 7일입니다.

Sunday
일요일

Monday
월요일

Tuesday
화요일

Wednesday
수요일

Thursday
목요일

Friday
금요일

Saturday
토요일

welcome [wélkəm 웰컴]

뜻 환영(하다)

Welcome to Seoul!
서울에 온 것을 환영합니다!

well [wel 웰]

뜻 ①잘, 훌륭하게, 건강한
②우물

She is well. 그녀는 건강합니다.

where

west [west 웨스트]

뜻 서쪽

The sun sets in the west.
해는 서쪽으로 집니다.

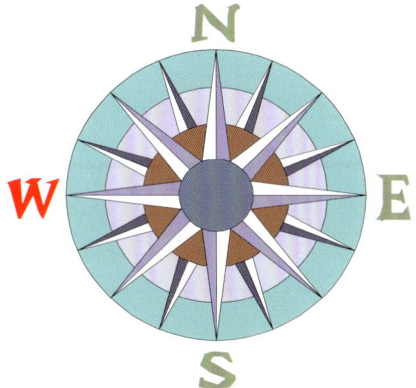

what [hwɑt 홧, 왓]

뜻 무엇, 어떤 것

What time is it now?
지금 몇 시입니까?

when [hwen 헨, 웬]

뜻 언제

When can you come?
언제 오겠니?

where [hwɛər 훼어, 웨어]

뜻 어디에, 어디로

Where now?
(이번에는) 어디로 가세요?

which

which
[hwitʃ 휘치, 위치]

뜻 어느 쪽, 어느 것

Which car do you like better?
어떤 차를 더 좋아하세요?

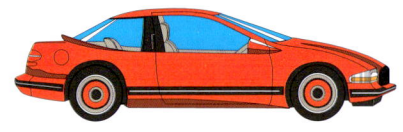
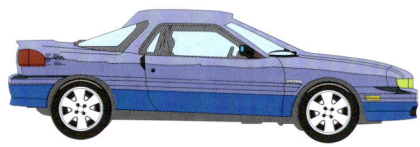

white
[hwait 화이트, 와이트]

뜻 흰, 흰색

White House
백악관(미국 대통령이 사는 곳)

who [hu: 후]

뜻 누구, 누가

Who is that man?
저 사람은 누구예요?

why [hwai 화이, 와이]

뜻 왜, 어째서

I don't know why.
이유를 잘 모르겠는데요.

wind

wide [waid 와이드]
뜻 넓은, 넓게

더 로우드 이즈 베리 와이드
The road is very wide.
길이 매우 넓어요.

will [wil 윌]
뜻 …할 것이다

잇 윌 비 파인 터마로우
It will be fine tomorrow.
내일은 맑을 거예요.

win [win 윈]
뜻 이기다

히 윌 윈 더 호스 레이스
He will win the horse race.
그는 경마에서 이길 것입니다.

wind [wind 윈드]
뜻 바람

윈드밀
windmill
풍차

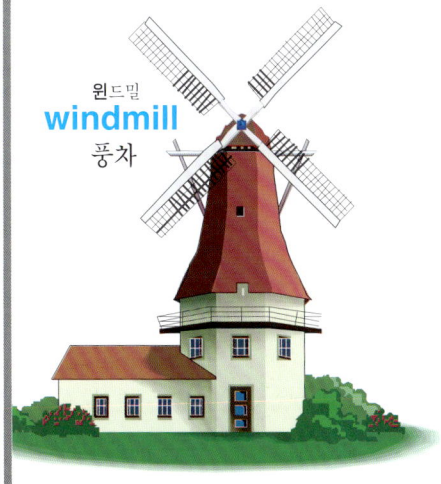

window

window [wíndou 윈도우]

뜻 창문

Open the window. 창문을 열어라.

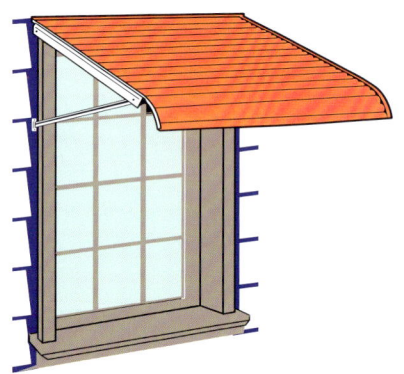

wing [wiŋ 윙]

뜻 날개

winter [wíntər 윈터]

뜻 겨울

a winter resort 피한지

with [wið 위드]

뜻 …와 함께

with mother 어머니와 함께

word

woman
[wúmən 우먼]

뜻 부인, 여성, 여자

Who is that woman?
저 여인은 누구예요?

women
여성들(복수)

wonder
[wʌ́ndər 원더]

뜻 놀라움, 이상함

wonder land
이상한 나라 (동화의 나라)

wood [wud 우드]

뜻 나무, 목재

carpenter
목수

word [wəːrd 워드]

뜻 말, 단어

English words. 영어 단어(들)

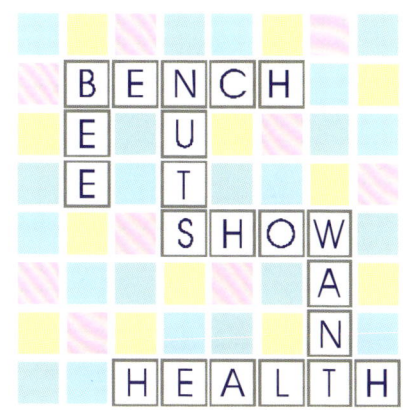

(투 헌드러드 앤드 포티 쓰리) two hundred and fourty-three 243

work

work [wəːrk 워크]

뜻 일(하다), 공부(하다)

He works hard.
그는 열심히 일(공부)합니다.

worker
노동자

world [wəːrld 월드]

뜻 세계, 세상

a trip around the world
세계 일주 여행

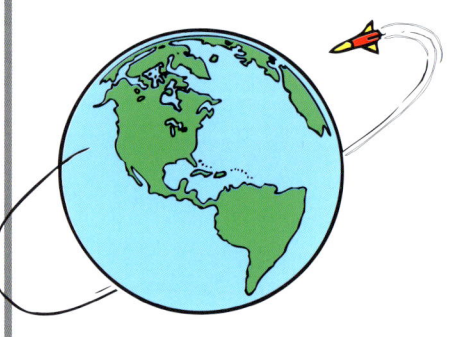

write [rait 라이트]

뜻 쓰다

She is writting a letter.
그녀는 편지를 쓰고 있어요.

wrong [rɔŋ 롱]

뜻 나쁜, 틀린, 잘못된

What's wrong with you?
무슨 (나쁜) 일이 있어요?

xylophone

[eks 엑스]

X x

X-ray

Xmas

[krísməs 크리스머스]

뜻 크리스마스, 성탄절

Merry Christmas(=Xmas)!
즐거운 성탄절 되세요.

X-ray

[éksréi 엑스레이]

뜻 엑스레이, 뢴트겐 선

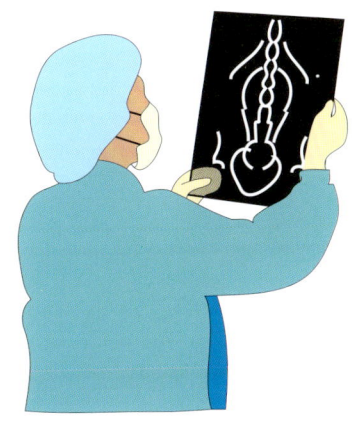

xylophone

[záiləfòun 자일러포운]

뜻 실로폰

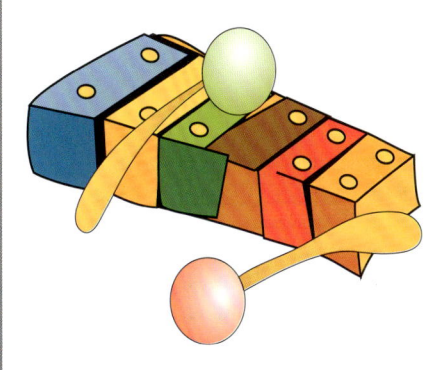

Y

[wai 와이]

Y y

Yo Yo

yacht [jɑt 야트]

뜻 요트, 유람선

참고 경주·오락용의 소형 보트는 **sailbot**[쎄일보우트]라고 합니다.

yard [jɑːd 야드]

뜻 뜰, 마당

yawn [jɔːn 욘]

뜻 하품, 하품하다

yesterday

year [jiər 이여]

뜻 해, 년, 나이

해피 뉴 이여
Happy new year!
즐거운 새해 되세요.

yellow [jélou 옐로우]

뜻 노랑, 노란색

옐로우 로우즈
yellow rose 노란 장미

yes [jes 예스]

뜻 예, 네

에스 아임 해피
Yes, I'm happy. 예, 나는 행복해요.

yesterday [jéstərdi 예스터데이]

뜻 어제

아이 메트 허 예스터데이
I met her yesterday.
나는 어제 그녀를 만났어요.

yet

yet [jet 옛]

뜻 아직도, 벌써

Not yet. 아직 안 됐어요.

you [juː 유]

뜻 당신, 너, 너희들

We want you.
우리는 당신을 원합니다.

young [jʌŋ 영]

뜻 젊은, 어린

young man 젊은 사람

youngstar
[jʌ́ŋstər 영스터]

뜻 젊은이, 소년

zigzag

[zi: 지]

Z z

zipper

zebra [zíːbrə 지브러]

뜻 얼룩말

zero [zíərou 지어로우]

뜻 제로, 영, 0

zigzag [zígzæg 지그재그]

뜻 지그재그, 꼬불꼬불한

더 패쓰 **지그재그스** 업 더 힐
The path zigzags up the hill.
언덕으로 올라가는 길은 꼬불꼬불해요.

ZOO

팍스
fox
여우

엘러펀트
elephant
코끼리

캥거루
kangaroo
캥거루

디어
deer
사슴

스네이크
snake 뱀

베어
bear
곰

팬더
panda 팬더

캐멀
camel
낙타

(투 헌드러드 앤드 피프티 원)two hundred and fifty-one **251**

알파벳 쓰는 법

인쇄체	필기체	인쇄체	필기체
A a	*Aa*	N n	*Nn*
B b	*Bb*	O o	*Oo*
C c	*Cc*	P p	*Pp*
D d	*Dd*	Q q	*Qq*
E e	*Ee*	R r	*Rr*
F f	*Ff*	S s	*Ss*
G g	*Gg*	T t	*Tt*
H h	*Hh*	U u	*Uu*
I i	*Ii*	V v	*Vv*
J j	*Jj*	W w	*Ww*
K k	*Kk*	X x	*Xx*
L l	*Ll*	Y y	*Yy*
M m	*Mm*	Z z	*Zz*

특별 부록

1. 생활 영어   *254~290*

인사말 *254*	전화를 걸 때 *256*
생일 파티에서 *258*	우리 집 *260*
이야기책 *262*	공원에서 *264*
캠 핑 *266*	교정에서 *268*
스포츠 *270*	도시에서 *272*
과일과 채소 *274*	옷 가게 *276*
동물원 *278*	농 장 *28*
칭찬하는 말 *282*	레스토랑에서 *284*
음악회에서 *286*	계 절 *288*
바닷가 *290*	

2. 가장 많이 쓰이는 회화   *291~297*
3. 한영 사전(찾아보기)   *298~315*

굿 바이 티쳐
Good bye, teacher.
안녕히 계세요, 선생님.

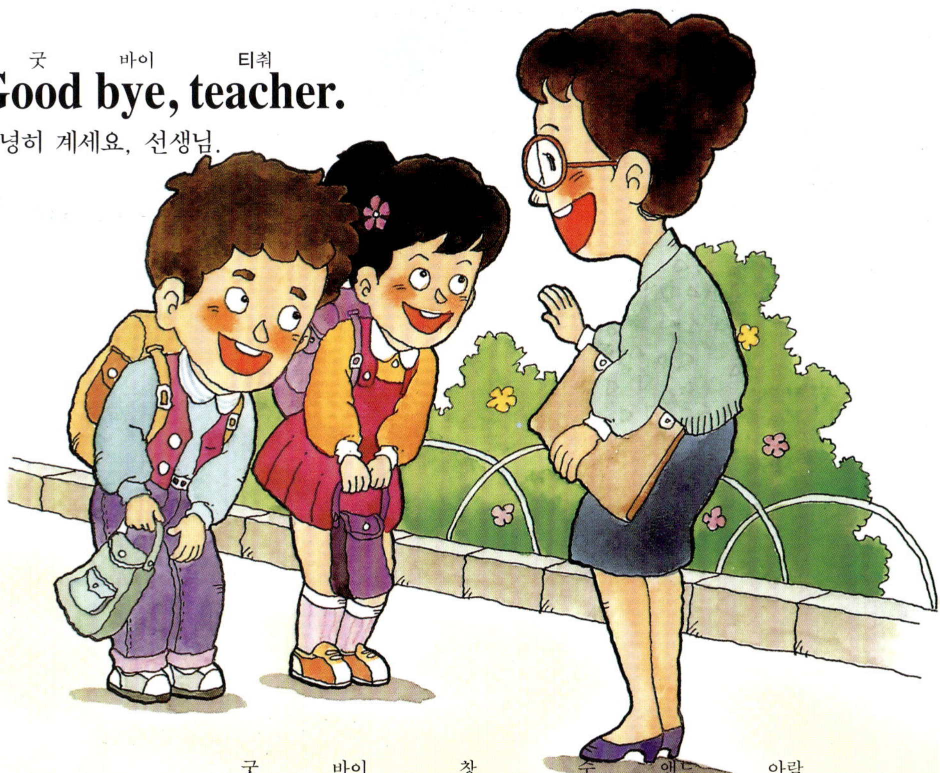

굿 바이 창 수 앤드 아람
Good bye, Chang-Soo and Aram.
안녕, 창수와 아람.

굿 나잇 창 수
Good night, Chang-Soo.
잘 자라, 창수야.

굿 나잇 머더
Good night, mother.
안녕히 주무세요, 어머니.

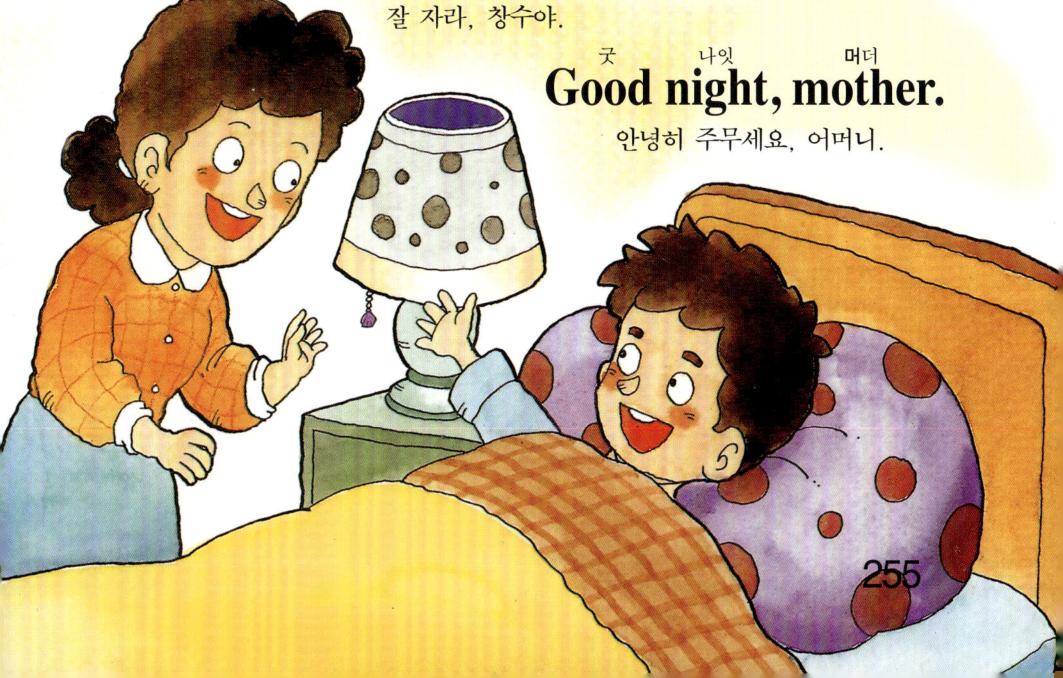

전화를 걸 때

생일 파티에서

우리 집

과일과 채소

레스토랑에서

가장 많이 쓰이는 회화

_{굿   모닝}
Good morning.   안녕하세요. (아침 인사)

_{굿   애프터눈}
Good afternoon.   안녕하세요. (오후 인사)

_{굿   이브닝}
Good evening.   안녕하세요. (저녁 인사)

_{굿   나잇}
Good night.   안녕히 주무세요. (밤 인사)

_{하이}
Hi!   안녕.

_{핼로우}
Hello!   안녕하세요.

_{해피   뉴   이여}
Happy New Year!   새해 복 많이 받으세요.

_{해브 어   메리   크리스머스}
Have a Merry Christmas!   즐거운 크리스마스 보내세요.

_{하우   아   유}
How are you?   잘 지냈어요?

_{아임   파인   쌩큐}
I'm fine, thank you.   네, 덕분에요.

_{앤드 유}
And you?   당신은 어떻습니까?

_{하우   두   유   두}
How do you do?   안녕하세요. (처음 만날 때)

_{왓츠   유어   네임}
What's your name?   이름이 무엇입니까?

_{마이   네임   이즈 김   창수}
My name is Kim Changsoo.   김창수라고 합니다.

(투 헌드러드 앤드 나인티 원) two hundred and ninety-one

2. 가장 많이 쓰이는 회화

<ruby>Nice<rt>나이스</rt></ruby> <ruby>to<rt>터</rt></ruby> <ruby>meet<rt>미트</rt></ruby> <ruby>you<rt>유</rt></ruby>.	만나서 반가워요.
굿 바이 **Good-bye.**	잘 가요. 안녕.
바이바이 **Byebye.**	잘 가요. 안녕.
씨 유 어겐 **See you again.**	또 만나요.
씨 유 터마로우 **See you tomorrow.**	내일 만나요.
씨 유 레이터 **See you later.**	다음에 만나요.
씨 유 쑨 **See you soon.**	이따 봐요.
렛츠 미트 어겐 **Let's meet again.**	또 만납시다.
쌩큐 베리 머취 **Thank you very much.**	감사합니다.
유어 웰컴 **You're welcome.**	천만에요.
아임 쏘리 **I'm sorry.**	미안합니다.
익스큐즈 미 **Excuse me.**	실례합니다.
돈트 워리 (돈 워리) **Don't worry.**	걱정하지 마세요.
잇츠 오우케이 **It's okay.**	괜찮아요.
대츠 올 라잇 **That's all right.**	상관없습니다.
노우 프라블럼 **No problem.**	문제없어요.
컹그러츄레이션스 **Congratulations!**	축하해요.

2. 가장 많이 쓰이는 회화

Happy birthday! (해피 버쓰데이)
생일을 축하해요.

Good luck! (굿 럭)
행운이 있기를!

I'm very glad to see you. (아임 베리 글래드 터 씨 유)
만나서 반가워요.

Please come in. (플리즈 컴 인)
들어오세요.

Have a nice day. (해브 어 나이스 데이)
좋은 날 되세요.

Have a good trip. (해브 어 굿 트립)
즐거운 여행 되세요.

I had a good time. (아이 해드 어 굿 타임)
매우 즐거웠습니다.

Welcome! (웰컴)
환영합니다.

Everybody! (에브리바디)
여러분!

No, thank you. (노우 쌩큐)
아니요, 감사합니다.

Yes. (예스)
예.

No. (노우)
아니오.

All right. (올 라잇)
좋아요.

I see. (아이 씨)
알겠습니다.

Where are you from? (웨어 아 유 프럼)
어디서 왔어요?
(어디 출신이에요?)

I'm from Seoul. (아임 프럼 서울)
서울에서 왔습니다.
(서울 출신입니다.)

I'm Korean. (아임 커리언)
한국 사람입니다.

2. 가장 많이 쓰이는 회화

Can you speak English?	영어 할 수 있어요?
Yes, a little.	예, 조금.
Do you understand me?	나의 말을 이해하세요?
I don't understand.	모르겠어요.
I don't know.	몰라요.
Of course.	물론.
That's right.	맞아요. 그래요.
That's all right.	괜찮아요. 상관없어요.
That's enough.	네, 충분해요.
I beg your pardon? ↗	다시 한번 말씀해 주세요.
I beg your pardon. ↘	용서해 주세요.
Just a moment, please.	잠깐만 기다려 주세요.
What's this?	이것은 무엇입니까?
It is a pen.	그것은 펜입니다.
What happened?	무슨 일입니까?
Is this right?	이것이 맞습니까?
I'm in trouble.	곤란합니다.

2. 가장 많이 쓰이는 회화

_{웨어 이즈 더 레스트 룸}
Where is the rest room? 화장실은 어디에 있나요?

_{워터 플리즈}
Water, please. 물 좀 주세요.

_{아임 인 어 허리}
I'm in a hurry. 시간이 없습니다.

_{플리즈 허리}
Please hurry. 서둘러 주세요.

_{아임 로스트}
I'm lost. 길을 잃었습니다.

_{왓 타임 이즈 잇}
What time is it? 몇 시입니까?

_{잇 이즈 텐 어클락}
It is ten o'clock. 열 시입니다.

_{하우 파}
How far? 얼마나 멉니까?

_{하우 롱}
How long? (기간이) 얼마나 걸립니까?

_{하우 메니}
How many? (수가) 얼마나 많습니까?

_{하우 머취}
How much? (양이) 얼마나 많습니까?
(값이) 얼마입니까?

_{하우 머취 이즈 디스}
How much is this? 이것은 얼마입니까?

_{왓 타임}
What time? 몇 시에?

_후
Who? 누구?

_{웨어}
Where? 어디?

_왓
What? 무엇?

_웬
When? 언제?

2. 가장 많이 쓰이는 회화

Why? _{와이}	왜?
How? _{하우}	어떻게?
May I helf you? _{메이 아이 헬프 유}	도와 줄까요?
Are you sure? _{아 유 슈어}	확실합니까?
What do you think? _{왓 두 유 씽크}	어떻게 생각하세요?
I have no idea! _{아이 해브 노우 아이디어}	모르겠어요.
Sure. _{슈어}	물론.
Wonderful! _{원더풀}	멋져요!
That's funny. _{댓츠 퍼니}	웃겨요.
Really? _{리얼리}	정말입니까?
I think so. _{아이 씽(크) 쏘우}	그렇게 생각해요.
Is that so? _{이즈 댓 쏘우}	그래요?
What did you say? _{왓 디드 유 쎄이}	뭐라고 말씀하셨어요?
Once again, please. _{원스 어겐 플리즈}	한 번 더 부탁합니다.
What's wrong? _{왓쓰 롱}	왜 그래?(어디 아파?)
Don't worry. _{돈(트) 워리}	걱정하지 마세요.
I agree. _{아이 어그리}	찬성합니다.

2. 가장 많이 쓰이는 회화

I don't agree. — 찬성하지 않습니다.

What's the problem? — 무엇이 문제입니까?

No problem? — 문제 없어요.

What happend? — 무슨 일입니까(왜 그래요)?

Can you help me? — 도와 주겠어요?

Hurry! — 서둘러요!

Watch out! — 위험해요!

Fire! — 불이야!

Be careful! — 조심해요!

Helf (me)! — 살려 줘요!

Where do you hurt? — 어디가 아프세요?

I have a headache. — 머리가 아파요.

I think I have a cold. — 감기에 걸린 것 같아요.

How old are you? — 당신은 몇 살입니까?

I am ten years old. — 열 살입니다.

How old is he? — 그이는 몇 살입니까?

He is nine years old. — 아홉 살입니다.

찾아 보기

한 영 사 전

첫 영어 사전에 나오는 영어 단어를 한글로도 찾을 수 있도록 **한영 사전**겸, **찾아보기**를 수록하였습니다. 영어 단어를 얼마나 외웠는지를 테스트할 수도 있겠지요.

ㄱ

가구	furniture	88
소파	sofa	88
옷장	dresser	88
의자	chair	44, 88
2단 침대	bunk beds	88
책상	desk	88
책장	bookcase	88
침대	bed	88
탁자	table	88
가까이, 가까운	near	75, 143
가난한, 불쌍한	poor	163
가다, 나아가다	go	92
가득 찬	full	87
가로지르다, 십자가	cross	54
…(을)가로질러, 저쪽편에	across	10
가르치다	teach	210
가망	chance	44
가방	bag	20
가벼운	light	124
가수	singer	186
가스, 기체	gas	89
가스 라이터	gas lighter	89
가위	scissors	177
가을	autumn, fall	18, 74

가정, 집, 고향	home	103
가져가다, 데려가다	take	208
가져오다, 데려오다	bring	33
가족	family	10, 75
나	I	75, 106
누나	sister	75
아버지	father	75, 76
어머니	mother	75, 138
할머니	grandmother	75
할아버지	grandfather	75
형, 동생	brother	75
가지다, 지키다	keep	115
가지다, 가지고 있다	have	98
갈색의	brother	34
감사, 감사하다	thank	212
감자	potato	163
(배의)갑판	board	28
값비싼	expensive	44, 72
값이 싼, 가망 없는	cheap	44
갓난아기	baby	19
강, 내	river	172
강한, 힘센	strong	203
같은, 똑같은	same	176
같은, 닮은	like	124
개	dog	63
거기에, 거기서	there	213
거리, 중심가	street	203

3. 한영 사전

한국어	영어	쪽
거미	spider	195
거북	turtle	188
거울	mirror	135
거짓말, 거짓말하다	lie	124
걱정, 근심	care	42
건네 주다, 지나가다	pass	155
걷다	step	200
걷다, 산보, 산보하다	walk	234
걸음, 계단	step	200
검은, 검은색	black	28
게임, 경기, 시합	game	89
겨울	winter	179, 242
결코 …하지 않다	never	143
결혼하다	marry	132
경우, 사정	case	42
경찰관	policeman	162
경찰, 경찰관	police	162
…(의) 곁에	beside	25
계곡	valley	227
계단	stair	198
계절	season	179
봄	spring	179
여름	summer	179
가을	autumn	179
겨울	winter	179, 242
계획, 계획하다 설계도	plan	160
고구마	sweat potato	163
고기	meat	132
고양이	cat	43
고운, 맑은, 공평한	fair	74
고정하다, 결정하다	fix	80
고치다, 수리하다	fix	80
곤충, 벌레	insect	108, 109
개미	ant	109
거미	spider	108
나비	butterfly	108
등애	horsefly	108
메뚜기	grasshopper	108
무당벌레	ladybug	108
벌	bee	108
사마귀	mantis	109
사슴벌레	stag beetle	108
잠자리	dragonfly	109
파리	fly	109
풍뎅이	goldbug	109
곧, 얼마 안 가서	soon	192
곰	bear	22
공룡	dinosaur	60, 61
마크로플라타	Macroplata	61
벨로키랍토르	Velociraptor	61
스테고사우루스	Stegosaurus	60
브라키오사우루스	Brachiosaurus	60
에드몬로니아	Edmonlonia	61
테라노돈	Teranodon	61
트리케라톱스	Triceratops	60
프로토케라톱스	Protoceratops	61
플레시오사우루스	Plesiosaurus	61
공기, 공중	air	13
공부하다, 연구하다	study	204
공원, 유원지	park	155
공장(의 설비)	plant	161
공항, 비행장	airport	13
과일, 과실	fruit	86
감	persimmon	86
딸기	strawberry	57, 86
레몬	lemon	86
머스크멜론	muskmelon	86, 133
배	pear	86
복숭아	peach	86
수박	watermelon	86
참외, 멜론	melon	86, 133
파인애플	pineapple	86
포도	grape	82, 86
과자, 케이크	cake	37, 82
과정, 학과	course	53
관, (담배)파이프	pipe	160

관람석 stand	199
교실 classroom	173
교회 church	46
구두, 신발 shoe	183
구름 cloud	49
구멍 hole	102
굴리다, 구르다 roll	173
귀 ear	67
귀여운, 예쁜 pretty	164
귀하, 선생님 sir	186
규칙 rule	174
그 the	213
그(남자)는, 그(남자)가 he	38
그 여자는 she	182
그것 it	110
그네 swing	207
그들은, 그것들은 they	213
그 때에, 그 당시에 then	213
그러나, 그렇지만 but	35
그렇게, 그래서 so	190
그룹, 무리, 모임 group	94
그리고서, 그러면 then	213
그리다, 끌다 draw	64
그리다 칠하다, 물감 paint	153
그림, 사진, 영화 picture	158
근심, 걱정 care	42
(야구의)글러브, 장갑 glove	91
금, 황금 gold	92
금고 safe	175
금메달 gold medal	92
기, 깃발 flag	80
기계 machine	129
불도저 bulldozer	129
비행기 airplane	129
선풍기 fan	129
자동차 car	129
재봉틀 sewing machine	129
진공 청소기 vacuum	129

토스터 toaster	129
헬리콥터 helicopter	129
기다리다 wait	234
기록하다, 녹음하다 record	168
기름, 석유 oil	149
기름통 oil barrel	149
기린 giraffe	209
기쁘게 하다 please	161
기억하다 remember	169
기타 guitar	94
기호, 표시, 신호 sign	185
기회 chance	44
긴, 오랫동안 long	126
긴 양말 hose, stocking	103, 190
길, 거리 way	236
길, 도로 road	172
깊은, 깊게 deep	58
…까지 till, until	217, 226
깨끗한, 깨끗이 clean	47, 82
깨다, 깨우다 wake	234
깨뜨리다, 부수다 break	32
꼭대기, 첫째의 top	220
꼴, 모양 shape	181
꽃, 화초 flower	81
금낭화 bleeding heart	81
꽈리 husk tomato	81
나리, 백합 lily	81, 124
달리아 dahlia	81
도라지 bellflower	81
민들레 dandelion	81
붓꽃 iris	81
선인장 cactus	81
연꽃 lotus	81
장미 rose	81
해바라기 sunflower	81
꽃병 vase	227
꿈, 꿈을 꾸다, 공상하다 dream	64
끝, 마지막 end	69

3. 한영 사전

끝나다, 끝내다 close	47
끝내다, 마치다 finish	79

ㄴ

나 I	106
나가는 곳, 출구 exit	72
나라, 국가 country	53
나르다, 가지고 가다 carry	42
나리, 백합 lily	124
나무 tree	222
나무, 목재 wood	243
나쁜, 틀린, 잘못된 wrong	244
나쁜, 해로운 bad	19
나의 my	141
나이 age	12
나이프, 칼 knife	84, 117
나이프들, 칼들(복수) knives	117
낙하산 parachute	187
난로 stove	202
날, 하루 day	57
날개 wing	242
날다, 날리다 fly	82
날씨, 일기 weather	237
날짜, 연월일 date	57
남자, 인간, 사람 man	130
남자들, 사람들(복수) men	130
남쪽 south	192
낭비, 낭비하다 waste	236
낮 day	57
낮은 low	128
낯선, 미지의 strange	202
(아기를)낳다, (열매를)맺다 bear	22
냄새(나다), 냄새맡다 smell	189
넓은, 넓게 wide	241
넥타이 necktie, tie	143, 216
넷, 4, 4살 four	84

년, 나이, 해 year	247
노동자 worker	244
노랑, 노란색의 yellow	247
노래, 소리 song	191
노래하다, 지저귀다 sing	186
노트, 메모 note	146
녹음하다, 기록하다 record	168
놀다, 연주하다, 연기하다 play	161
놀라게 하다 surprise	206
놀라움, 이상함 wonder	243
농장, 농원 farm	76
놓다, 두다 put	165
놓다, 맞추다 set	181
높은, 높이 high	101, 128
높이뛰기 high jump	101
누구, 누가 who	240
눈, 시력 eye	72
눈, 눈이 오다 snow	189
눈사람 snowman	189
눕다 lie	124
뉴스, 소식 news	144
느끼다 feel	77
슬픈 sad	72
피곤한 tired	72
행복한 happy	72
화난 angry	72
느린, 천천히 slow	188
늘, 언제나 always	14
늙은, 낡은, …살 old	150
늦은, 늦게 late	121

ㄷ

다다르다, 도착하다 arrive	17
다른 other	152
다리 bridge	33
다리 leg	122

3. 한영 사전

한국어	영어	페이지
다리미, 쇠	iron	110
다시, 또	again	12
다음의, 다음에, 옆의	next	144
다이얼, (시계의)글자판	dial	59
닦다, 솔, 붓	brush	34
단추	button	36
닫다	close	47
닫다, 닫히다	shut	184
(천체의)달	moon	138
(달력의)달	month	137
1월	January	137
2월	February	137
3월	March	137
4월	Aprill	137
5월	May	137
6월	June	137
7월	July	137
8월	August	137
9월	September	137
10월	October	137
11월	November	137
12월	December	137
달걀, 알	egg	68
달러	dollar	63
달력	calender	37
달리다, 흐르다	run	174
달콤한	sweet	207
달팽이	snail	188
당기다, 끌다	pull	165
당신, 너, 너희들	you	248
대답하다	answer	15
대문, 정문	gate	90
대장, 주장	captain	39
(단과)대학교	college	225
(종합)대학교	university	225
더러운	dirty	62
더운, 뜨거운	hot	104
던지다	throw	216

한국어	영어	페이지
덮다, 씌우다, 표지, 뚜껑	cover	53
도구, 연장	tool	219
나사 돌리개	screwdriver	219
드릴	drill	219
망치	hammer	219
펜치	pliers	219
도서관	library	123
돈, 금전	money	136
돈 많은, 풍부한	rich	171
돌	stone	201
돌고래	dolphin	63
돌도끼	stone ax	201
돌리다, 돌다	turn	223
돌아오다, 돌아가다	return	170
돕다, 도움	help	100
동그란, 원, 빙 돌아	round	174
동물	animal	15
동물원	zoo	250, 251
거북	turtle	250
곰	bear	251
기린	giraffe	250
낙타	camel	251
뱀	snake	251
사슴	deer	58, 251
사자	lion	125, 250
스컹크	skunk	250
악어	alligator	250
여우	fox	251
캥거루	kangaroo	251
코뿔소	rhino	250
코끼리	elephant	251
팬더	panda	251
호랑이	tiger	250
동전, 화폐	coin	50
동쪽	east	68
…(이)되다	become	23
되어 버리다, 없어져	away	18
두 번, 두 배	twice	223

두꺼운, 굵은, 진한 thick	214	마룻바닥 floor	80
둑, 제방 bank	21	마른, 여윈, 엷은 thin	76, 214
뒤에, …뒤에 after, behind	24	마른, 마르다 dry	66
…(의)뒤에, …(을)뒤쫓아 after	11	마시다 drink	65
듣다, 들리다 hear, listen	99, 126	마실 것, 음료, 술 drink	65
등, 뒤 back	19	마을, 농촌 village	232
따다, 뽑다, 줍다 pick	158	마을, 읍, 시 town	221
따뜻한 warm	235	마지막, 최후의 last	120
…(을)따라서, …(을)뒤쫓아 along	14	만나다, 모이다 meet	133
따르다, …(을)뒤따라가다 follow	82	만남의 약속 meet	57
딱딱한, 어려운, 열심히 hard	97	만들다, …(이)되다 make	130
딸 daughter	57	만리 장성 great wall	235
땅, 나라, 착륙하다 land	120	만일 …한다면 if	107
때리다, 치다 hit	101	많은 lot	97
떠나다, 두고 가다 leave	122	많은, 많은 물건 many	77, 131
떨어져서, 떠나서 off	148	많은(양을 나타냄), 매우 much	139
떨어져서, 멀리 away	18	말, 단어 word	243
떨어지다, 넘어지다 fall	74	말, 목마 horse	103
떨어지다, 떨어뜨리다 drop	65	말, 언어 language	120
똑똑 두드리다, 치다 knock	118	말하다 say, talk, tell	177, 208, 211
똑바른, 똑바로 straight	202	맑은 날 sunny day	237
뛰다, 뛰어오르다 jump	114	맛, 맛을 보다 taste	209
뜰, 마당 yard	246	망치, 해머 hammer	96, 102
띠, 끈 band	21	망치질 hammering	96
		물고기, 어류, 낚다 fish	80

ㄹ

		매우, 아주 very	232
		머리, 우두머리, 수석 head	98
라디오 radio	167	머물다, 체류하다 stay	200
램프, 등 lamp	119	먹다, 식사하다 eat, take	68, 208
레일 rail	221	멀리에 far	75
…로, …까지 to	217	멈추다, 그만두다 stop	201
로봇, 인조 인간 robot	172	메다, 묶다 tie	216
로켓 rocket	173	메달 medal	133
리본 ribbon	170	모델, 모형, 본, 모범 model	136
		모든, …마다 every	70
		모래 sand	176

ㅁ

모래성 sand castle	176

3. 한영 사전

한국어	영어	쪽수
(테 없는) 모자	cap	39
(테 있는) 모자	hat	97
모퉁이, 구석	corner	52
목	neck	143
목록, 명부	list	125
목마른	thirsty	215
목소리	voice	233
목수	carpenter	243
목욕탕, 목욕	bath	22
몸, 육체	**body**	**30**
등	back	30
머리	head	30
무릎	knee	30, 119
발	foot	30
손	hand	30
어깨	shoulder	30
얼굴	face	30
엉덩이	hip	30
종아리	calf	30
팔	arm	30
팔꿈치	elbow	30
못, 웅덩이, 수영장	pool	162
못, 호수	lake	119
무거운	heavy	99
무릎	knee	30, 117
무서워하여, 걱정하여	afraid	11
무지개	rainbow	167
무슨, 얼마, 누구	any	15
무엇, 어떤 것	what	239
문	door	64
문제, 의문	problem	165
문제, 일	matter	132
물, 물을 뿌리다	water	236
물가, 바닷가	beach	22
물건, 것	thing	214
물건사기	shopping	183
물다, 물어뜯다	bite	27
물어 보다, 청하다	ask	17

한국어	영어	쪽수
미끄럼틀, 미끄러지다	slide	188
미소, 미소짓다	smile	189
미안합니다, 슬픈	sorry	192
미워하다, 싫어하다	hate	98
미친, 화난	mad	130
미터	meter	134
밀다	push	165
…밑에	under	225

ㅂ

한국어	영어	쪽수
바구니	basket	21
바깥에	out	152
바나나	banana	20
바다	**sea**	**120, 178**
가오리	ray	178
거북	tutle	178
게	crab	178
고등어	mackerell	178
고래	whale	178
농어	perch	178
돌고래	dolphin	178
물개	seal	178
바닷가재	lobster	178
상어	shark	178
오징어	squid	178
장어	ray	178
진주조개	pearl oyster	178
철갑상어	sturgeon	178
청새치	marlin	178
청어	herring	178
바라다, 희망, 희망하다	hope	103
바람	wind	241
바보	fool	83
바쁜	busy	35
바위, 암석	rock	172
바이올린	violin	233

3. 한영 사전

바지 pants	154
박사, 의사 doctor	62
박람회 fair	74
반가운, 기쁜 glad	91
반복하다, 되풀이하다 repeat	169
반지, 고리, 바퀴 ring	171
발 foot	83
발가락 toe	79
밝은 light	57
밝은, 빛나는, 영리한 bright	33
밤 night	57, 145
방 room	173
방망이 bat	22
방문, 방문하다 visit	233
방법, 방향 way	236
(물)방울, 한 방울 drop	65
방학, 휴가 vacation	227
(대형의)배 ship	182
(먹는)배 pear	156
배고픈, 굶주린 hungry	105
배우 actor	11
배우다 learn	122
백, 100, 100살 hundred	105
백만 million	134
백악관 White House	240
버스, 합승 자동차 bus	35
버터 butter	35
벌판, 들, 경기장 field	77
베낀 것, 복사하다 copy	52
베다, 썰다, 깎다 cut	55
벤치, 긴 의자 bench	25
벨, 방울, 종 bell	24
벽 wall	235
별, 인기 배우 star	199
병 bottle	31
병난, 아픈 sick	185
병아리, 닭 chicken	45
보기, 모범 example	71

보내다 send	180
(시간을)보내다, 소비하다 spend	195
보석 gem	72
보다 look	127
보다, 만나다 see	180
…보다 than	212
보여 주다, 안내하다 show	184
보트, 작은 배, 기선 boat	29
고속 모터 보트 speed boat	29
곤돌라 gondola	29
돛단배(범선) sailing ship	29
무역선, 상선 trader	29
여객선 passenger ship	29
컨테이너 선 container ship	29
복사기, 복사하는 사람 copier	52
볼, 공 ball	20
봄 spring	198
봉투 envelope	11
부드러운, 상냥한 soft	191
부르다 call	37
부수다, 깨뜨리다 break	32
부엌 kitchin	117
…부인 Mrs.	139
부인, 여성, 여자 woman	243
부인복, 어린이 옷 dress	65
북, 북을 치다 drum	66
북쪽 north	145
분 minute	135
분홍빛(의), 핑크빛 pink	160
불, 화재 fire	79
불꽃, 불똥 spark	194
(바람이)불다 blow	28
불빛, 밝은, 비추다 light	124
불타다, 타다 burn	34
붙들다, 잡다 catch	43
붙이다, 찌르다 stick	200
비, 비가 오다 rain	167
비 오는 날 rainy day	237

3. 한영 사전

비누 soap	190
비디오 카메라 video camera	232
비디오의, 영상 video	232
비스킷, 과자 biscuit	27
비행기 airplane, plane	82, 161
비행 접시 flying saucer, UFO	224
빈, 텅 빈 empty	69
빙 둘러, 주위에 around	16
빠른, 빨리 fast, quick	76, 166
빨간색, 빨강 red	169
빵 bread	32, 82

ㅅ

사과 apple	16
사냥하다, 찾다 hunt	105
사다 buy	36
사람들, 국민, 민족 people	157
사무실, 관청 office	149
사발, 주발 bowl	31
사랑, 사랑하다 love	128
사슴 deer	58, 251
사실, 진상 fact	74
사업가 business man	130
사용, 사용하다, 쓰다 use	226
…(의)사이에 between	25
사인하다, 서명하다 sign	185
사자 lion	125, 250
사전 dictionary	59
사촌 cousin	53
산 mountain	138
산보, 산보하다, 걷다 walk	234
살다 live	126
살찐, 뚱뚱한 fat	76
상자 box, case	31, 42
새 bird	26, 27
거위 goose	27

꿩 pheasant	27
독수리 eagle	26
부엉이 owl	27
뻐꾸기 roadrunner	26
사다새 pelican	26, 58
오리 duck	26
참새 sparrow	27
펭귄 penguin	26
새로운 new	144
색깔, 색칠하다 color	50
노란색 yellow	50
빨간색 red	50
오렌지색 orange	50
자주색 purple	50
초록색 green	50
파란색 blue	50
샐러드, 생채 요리 salad	176
생각, 착상 idea	106
생각하는 사람 thinker	214
생각하다 think	214
생기다, 일어나다 happen	97
생일 birthday	26
샤워, 샤워실 shower bath	184
샤워, 소나기 shower	184
서다, 서 있다 stand	199
서두르다, 서두름 hurry	105
서비스, 봉사, 시중들기 service	181
서울, 수도 capital	39
서쪽 west	239
선물 present	164
선생님 teacher	210
선장, 함장 captain	39
설계도, 계획, 계획하다 plan	160
설탕 sugar	205
섬 island	110
성난, 화난 angry	15
세계, 세상 world	244
세다, 계산하다, 계산 count	52

3. 한영 사전

세우다, 짓다 build	34
셔츠 shirt	182
소개하다 introduce	110
소금 salt	176
소금통 salt shaker	176
소나기, 샤워 shower	184
소나무 pine	159
소녀, 여자 아이 girl	90
소년 boy	32
소리, 소리나다, 들리다 sound	192
소리, 잡음 noise	145
소리치다, 외침 shout	184
소비하다, 쓰다, 보내다 spend	195
소풍, 피크닉 picnic	158
속도, 속력 speed	194
손 hand	83, 96
손가락 finger	79
손대다, 만지다 touch	220
손잡이, 핸들, 자루 handle	96
손톱, 못 nail	142
수, 숫자, 번호 number	147
첫번째 first	147, 120
두 번째 second	147
세 번째 third	147
네 번째 fourth	147
다섯 번째 fifth	147
여섯 번째 sixth	147
일곱 번째 seventh	147
여덟 번째 eighth	147
아홉 번째 ninth	147
열 번째 tenth	147
열한 번째 eleventh	147
열두 번째 twelfth	147
열세 번째 thirteenth	147
열네 번째 fourteenth	147
열다섯 번째 fifteenth	147
열여섯 번째 sixteenth	147
열일곱 번째 seventeenth	147
천, 1000 thousand	147
수리하다, 고치다 fix	80
수소 ox	54
수영장, 못, 웅덩이 pool	162
수영장 swimming pool	162
수영하다, 헤엄치다 swim	207
수탉 rooster	100
수프 soup	192
숙녀, 부인 lady	119
숟가락 spoon	195
숨기다 cover	53
숨다, 감추다 hide	101
쉬다, 휴식 rest	169
쉬운, 마음 편한 easy	68
슈퍼마켓 supermarket	205
스웨터 sweater	206
스위치 switch	207
스커트, 치마 skirt	187
스케이트(를 타다) skate	187
스코어, 점수, 득점 score	177
(야구의) 스트라이크 strike	203
스팀, 김 steam	200
스포츠, 운동, 경기 sport	196, 197
농구 basketball	196
레슬링 wrestling	197
마라톤 marathon	197
미식 축구 football	196
배구 volleyball	196
스키 ski	197
야구 baseball	21, 197
체조 gymnastics	197
축구 soccer	196
탁구 pingpong	197
필드 하키 field hockey	197
스프링, 용수철 spring	198
스피드 스케이드 경기 speed skating	194
슬픈 sad	175
승리 victory	232

3. 한영 사전

시, 도회지 city	46	아래에, 아래쪽에 below	25
…시 o'clock	148	아름다운 beautiful	23
시간 hour	104	아버지 father	75, 76
시간, 때 time	217	아빠 dad	56
시골길 contry road	172	아이, 새끼염소 kid	116
시원한, 선선해지다 cool	51	아이, 어린이 child	45
시작하다, 시작되다 begin	24	아이들(복수) children	45
시장 market	131	아이스크림 ice cream	54
시키다, …하다 let	123	아이스 하키 ice hockey	106
(침대 등의)시트 sheet	182	아저씨, 삼촌, 숙부 uncle	224
식당 restaurant	170	아주머니 aunt	18
식물, 초목 plant	161	아직도, 벌써 yet	248
신, 하나님 God	92	아침 morning	138
신사 gentleman	90	아침 식사 breakfast	32
신선한, 새로운 fresh	85	아파트 apartment	16
신전, 사원 temple	211	아픈, 병든, 나쁜 ill	107
실로폰 xylophone	245	아픔, 고통 pain	153
실제의, 진짜의 real	168	악대, 한 떼 band	21
심장, 마음 heart	99	안녕, 야아 hi	100
싸우다, 싸움 fight	78	안녕, 잘 있어 bye	36
쌀, 벼 rice	170	…안에 in	107
쌍, 켤레 pair	154	…안으로 into	109
썰매 sled	17	안전핀 safety pin	159
쏘다, 맞히다 shoot	183	안전한, 무사히 safe	175
쑤시다, 후비다 pick	158	앉다 sit	186
쓰다 write	244	알다, 알고 있다 know	118
쓰레기통, 휴지통 wastebasket	236	암소 cow	54
…씨 Mr.	139	암탉 hen	100
씻다, 세탁하다 wash	235	…앞에, 하기 전에 before	24
		앞의, 정면의 front	85
		애완 동물, 귀여워하는 pet	157
		앨범, 사진첩 album	13
		야구 시합 baseball game	89
아기 같은, 유치한 baby	19	야생 식물 wild plants	161
…아니다 not	146	약 medicine	133
아니다, 조금도 …없는 no	145	약간의, 어떤 some	191
아들 son	191	약한 weak	237
아래로, 아래쪽으로 down	64	양 sheep	182

3. 한영 사전

한국어	영어	페이지
…양	Miss	135
양초	candle	38
어깨	shoulder	183
어느 쪽, 어느 것	which	240
어두운	black, dark	28, 57
어디에, 어디로	where	239
어떻게, 얼마나	how	105
어려운	difficult	68
어리석은, 멍청한	stupid	204
어머니	mother	75, 138
어버이, 부모	parent	155
어제	yesterday	247
언덕, 작은 산	hill	101
언제	when	239
얻다, 사다	get	90
얼굴, 용모, 표면	**face**	**73**
귀	ear	73
눈	eye	73
눈썹	eyebrow	73
뺨	cheek	73
머리카락	hair	73
목	neck	73
이마	forehead	73
입술	lip	73
코	nose	73
턱	chin	73
얼룩말	zebra	249
얼음	ice	106
엄마	mom	56, 136
…에 대하여	about	10
에서, 에	at	18
…에서, 때문에	from	85
에펠탑	Eiffel Tower	220
엑스레이, 뢴트겐 선	X-ray	245
엔진, 발동기	engine	69
여기에, 여기서	here	100, 213
여름, 여름의	summer	205
여보세요, 아, 안녕	hellow	99
여성, 여자, 부인	woman	243
여성들, 여자들(복수)	women	243
여우	fox	84
여왕	queen	116, 166
여행(하다)	travel, trip	221, 222
역, 정거장	station	199
역시, 또한, 너무	too	219
연결하다, 참가하다	join	114
연기, 담배를 피우다	smoke	189
연습, 연습하다	practice	164
연습, 운동	exercise	72
연주 회장	concert hall	95
연필	pencil	157
열다, 열린	open	151
열쇠	key	115
열차, 기차	train	221
영화, 영화관	movie	139
옆, 쪽	side	185
…옆에, …(을)지나서	by	36
예, 네	yes	247
예쁜, 귀여운	pretty	164
예수님	Jesus	54
오! 어머나!	oh	149
오늘, 오늘은	today	218
오늘 밤	tonight	219
오다	come	51
오렌지	orange	151
오르간	organ	152
오르다, 기어오르다	climb	47
오른손	right hand	171
오른쪽의	right	171
오리	duck	66
오직, 단지, 단 하나의	only	151
우주, 공간, 장소	**space**	**193**
금성	Venus	193
명왕성	Pluto	193
목성	Jupiter	193
별똥별	falling star	193

3. 한영 사전

수성 Mercury	193
우주복 space suit	193
우주 비행사 space man	193
우주 왕복선 space shuttle	193
우주인 alien	193
우주 정거장 space station	193
지구 earth	193
천왕성 Uranus	193
토성 Saturn	193
해 sun	193
해왕성 Neptune	193
화성 Mars	193
우편, …(을)부치다 mail	130
우편, 우체통 post	163
우표, 스템프(를 찍다) stamp	198
운동장, 땅, 지면 ground	94
운전사, 운전 기사 driver	65
운전하다, 몰다 drive	65
울다, 울리다 ring	171
울다, 큰 소리를 지르다 cry	55
움직이다, 이사하다 move	139
웃다 laugh	121
웃옷, 저고리, 외투 coat	49
워싱턴 Washington	39
원, 고리, 원을 그리다 circle	46
원숭이 monkey	136
원하다, …하고 싶다 want	235
위대한, 큰, 훌륭한 great	94
위로, 위에 up	64, 226
…위에 on	150
…위에, …이상 over	152
…(을)위하여, …동안 for	83
위험 danger	56
유니폼, 제복 uniform	225
유령 ghost	11
유리, 유리컵, 컵 grass	91
유명한, 이름난 famous	75
유턴 U-turn	223

은, 은빛의 silver	185
은메달 silver medal	185
은행 bank	21
음반, 기록 record	168
음식, 먹을것 food	82
음악, 아름다운 소리 music	**140, 141**
바이올린 violin	140
북 drum	141
색소폰 saxophone	140
심벌즈 cymbals	141
오보에 oboe	141
지휘자 conductor	140
첼로 cello	140
캐스터네츠 castanets	140
트라이앵글 triangle	140
트럼펫 trumpet	140
트롬본 trombone	140
플루트 flute	141
하모니카 harmonica	141
하프 harp	140
호른 horn	140
…의 of	148
의무, 책임 duty	66
의사, 박사 doctor	62
의자, 걸상 chair	44, 88
이 tooth	220
이, 이것 this	215
이기다 win	241
이끌다, 인도하다 lead	121
이들(복수) teeth	220
이름 name	142
이발 hair cut	95
이상한, 기묘한 strange	202
이야기 story	202
이야기책 story book	202
이야기하다, 말하다 speak	194
…이전에 ago	12
이해하다, 알다 understand	225

3. 한영 사전

인기 배우, 별 star	199	
인쇄, 인쇄하다, 프린트 print	164	
인쇄기 printer	164	
인형 doll	63	
일, 직업 jop	112, 113	
간호사 nurse	112	
과학자 scientist	113	
교수 professor	112	
군인 soldier	112	
소방관 fireman	113	
아나운서 announcer	113	
여배우 actress	113	
요리사 cook	113	
의사 doctor	112	
판사 judge	112	
화가 artist	112	
일(하다), 공부(하다) work	244	
일기, 일기장 diary	59	
…일까요? …할까요? shall	181	
일본 Japan	111	
일어나서 up	226	
일찍, 이른 early	67	
읽다, 독서하다 read	168	
잃어버리다, 늦어지다 lose	127	
임금, 급료 pay	156	
입 mouth	138	
입다, 신다, 끼다 wear	237	
입술 lip	125	
잉크 ink	107	
잊어버리다 forget	83	
잎 leaf	121	
잎들(복수) leaves	121	

ㅈ

자 ruler	174	
자다, 잠 sleep	188	
자동 계기 meter	134	
자동차 car	40, 41	
경주용 차 race car	41	
경찰차 police car	40	
고속 버스 highway bus	41	
구급차 ambulance	41	
불자동차 fire truck	40	
소형 승용차 coupe	41	
스포츠 카 sport car	41	
이층 버스 double-deck bus	40	
지프 jeep	40	
트럭 truck	40	
자라나다, 성장하다 grow	94	
자동 기계(장치) robot	172	
자루 경주 sack race	175	
자매 sister	186	
자유로운, 한가한 free	84	
자전거 bicycle	25	
자주, 빈번히 often	149	
작은 little, small	126, 188	
작은 것 baby	19	
잔, 우승컵 cup	55	
잘, 훌륭하게, 건강한 well	238	
잘못, 실수 mistake	135	
잡는 사람, (야구의)포수 catcher	43	
잡다, 손에 쥐다 take	208	
장갑, (야구의)글러브 glove	91	
장난감 toy	221	
장미, 장미꽃, 장미색 rose	174	
장소, 좌석, 지위 place	160	
재미있는, 흥미 있는 interest	109	
재미있는 일 fun	87	
잼 jam	111	
저것(은, 의) that	212	
저녁, 밤 evening	70, 138	
저녁 식사 supper	206	
저녁 식사, 정찬 dinner	59	
저장, 저장하다 store	201	

3. 한영 사전

전부의, 모든 all	13
전에, 예전에, 한 번 once	150
전자 오르간 electronic organ	152
전쟁 war	235
전화, 전화기 phone, telephone	210
절반, 반 half	95
점심 식사 lunch	128
젊은, 어린 young	248
젊은이, 소년 youngstar	248
점, 요점 point	162
점수판 scoreboard	177
점잖은, 상냥한 gentle	90
점화기 spark plug	194
접시, 요리 dish	62
젓가락 chopstick	45
정글 jungle	114
정말의, 진실의 true	222
정사각형 square	198
정원, 뜰 garden	89
정확히, 꼭, 바로 just	114
젖소 milch cow	54
젖은 wet	66
제로, 영, 0 zero	249
제발, 부디 please	161
제트기 jet	111
조금도 (…않다) any	15
조금밖에 없는, 거의 없는 few	77
조심, 주의 care	42
조종사, 수로 안내인 pilot	159
좁은, 가느다란 narrow	142
종류 kind	116
종이 paper	154
좋다, 됐다, 괜찮다 OK	150
좋아하다 like	124
좋은, 멋진 nice	144
좋은, 착한, 잘 하는 good	92
좋은, 훌륭한, 맑은 fine	79
좌석 seat	180

중앙, 중간 middle	134
즐기다 enjoy	69
주, 일주일 week	238
일요일 Sunday	238
월요일 Monday	238
화요일 Tuesday	238
수요일 Wednesday	238
목요일 Thursday	238
금요일 Friday	238
토요일 Saturday	238
주다, 바치다 give	91
주머니, 자루 sack	175
주소, 보내는 곳 address	11
죽이다 kill	116
줄, 선 line	125
주스, 즙 juice	114
죽은 dead	58
준비된 ready	168
중앙, 중심 center	44
…중에, …사이에 among	14
쥐 mouse	58
쥐다, 붙잡다 hold	102
지구 earth	67
지그재그, 꼬불꼬불한 zigzag	249
지금, 이제 now	146
지나가다, 건네 주다 pass	155
(해나 달 등이) 지다 set	181
지도 map	131
지도자, 지휘자, 두목 leader	121
지불하다, 치르다 pay	156
지붕 roof	173
지우개 eraser	70
지팡이, 막대기 stick	200
지하철 열차 subway train	204
진로, 경로, 진행 course	53
질문, 물음 question	166
집, 가옥 house	104
짓다, 세우다 build	34

짧은, 키가 작은 short	183	
짧은 양말 sock	190	
찌르다, 붙이다 stick	200	

ㅊ

(마시는)차 tea	210	
차다 kick	115	
참다, 견디다 bear	22	
참외, 멜론 melon	86, 133	
창문 window	242	
찾아 내다, 알다 find	78	
채소, 야채 vegetable	228, 229	
가지 eggplant	229	
감자 potato	228	
고구마 sweet potato	228	
고추 pepper	229	
당근 carrot	229	
마늘 garlic	228	
무 radish	229	
버섯 mushroom	228	
브로콜리 broccoli	228	
아티초크 artichoke	228	
양배추 cabbage	228	
양상추 lettuce	228	
양파 onion	229	
오이 cucumber	229	
옥수수 corn	229	
완두콩 pea	228	
토마토 tomato	228	
파 leek	229	
피망 green pepper	229	
호박 pumpkin	228	
채우다, 가득 차다 fill	78	
책 book	31	
책상 desk	58	
천, 1000 thousand	215	
천막, 텐트 tent	38	
천장 ceilling	43	
철자하다 spell	195	
첫번째 first	147, 120	
청소, 세탁 cleaning	47	
추운, 감기 cold	50	
축구 soccer	190	
출구, 나가는 곳 exit	72	
출발(하다), 시작(하다) start	199	
출석한, 지금, 현재 present	164	
춤, 춤추다, 무도회 dance	56	
충분한, 충분히 enough	70	
취미 taste	209	
치다, 부딪치다 strike	203	
치약 toothpaste	34	
치즈 cheese	45	
친구, 벗 friend	85	
친절한, 온화한 kind	116	
칠판 blackboard	28	
칠하다, 그리다, 물감 paint	153	
침대, 잠자리 bed	23	
칫솔 toothbrush	34	

ㅋ

카드, 명함, 트럼프 card	42	
카메라, 사진기 camera	38	
카세트 cassette	43	
캔디, 사탕 과자 candy	39	
캠프, 야영 camp	38	
커튼, 막 curtain	55	
커피 coffee	49	
컴퓨터 computer	51	
케이크, 과자 cake	37, 82	
코 nose	146	
크기, 치수 size	187	
크레용 crayon	54	

3. 한영 사전

크림, 크림 과자 cream	54
큰, 넓은, 많은 large	120
큰 세일 giant sale	180
큰 소리의, 큰 소리로 loud	127
클라스, 학급 class	46
클럽, 부, 반 club	49
키가 큰 tall	209
키스, 입맞춤 kiss	117

ㅌ

(탈것에) 타다 take	208
타다, 타기 ride	171
(야구의) 타자 batter	22
타지마할 Taj Mahal	211
탁상 시계, 괘종 시계 clock	47
탈것, (운반) 차 vehicle	230, 231
견인차 tow truck	230
경주용 자동차 racing car	230
군함 war ship	231
기구 balloon	231
기차 train	231
돛단배 sailboat	231
마차 carriage	231
모노레일 monorail	230
비행기 airplane	231
비행선 blimp	231
오토바이 motorcycle	230
자전거 bicycle	230
지하철 열차 subway train	230
케이블 카 cable car	230
트럭 truck	230
헬리콥터 helicopter	231
탑 tower	220
태양, 해, 햇빛 sun	205
택시 taxi	209
털, 머리털 hair	95

테니스, 정구 tennis	211
테스트(하다), 시험(하다) test	212
테이블, 탁자 table	208
테이프, 좁고 납작한 끈 tape	209
텐트, 천막 tent	38
텔레비전 television	211
토마토 tomato	218
…(을)통하여 through	215
튀김하다, 튀기다 fly	87
튤립 tulip	223
트럭, 화물 자동차 truck	222
특별한, 독특한 special	194
특색 color	50
팀, 조 team	210

ㅍ

파리 fly	82
파티, 회합 party	155
판자, 게시판 board	28
팔 arm	16
팔다, 팔리다 sell	180
팔씨름 arm wrestling	16
패랭이꽃 pink	160
퍼즐 조각 puzzle pieces	158
페이지, 쪽 page	153
페인트공, 화가 painter	153
펜 pen	156
편지, 글자 letter	123
평균대 balance beam	69
평소의, 보통의 usual	226
평화 peace	156, 235
포도, 포도나무 grape	93
포도주 wine	82
포스터, 벽보 poster	163
포크 fork	84
폭포 waterfall	236

3. 한영 사전

폭풍우 storm	201
표, 승차권 ticket	216
푸른, 파랑 blue	28
풀, 잔디, 잔디밭 grass	93
풍선, 기구 balloon	20
풍차 windmill	241
프라이 팬 frying pan	87
프린트, 인쇄, 인쇄하다 print	164
플루트, 피리 flute	82
피곤한, 싫증난 tired	217
피아노 piano	157
피아니스트 pianist	157
피크닉, 소풍 picnic	158
핀 pin	159
필름 film	78
필요로 하다 need	143

ㅎ

하나의 a, an	10
하늘 sky	187
…하다, 행하다 do	62
하이킹, 도보 여행 hiking	102
하품, 하품하다 yawn	246
학과, 수업 lesson	123
학교, 수업 school	177
학급, 클라스 class	46
학급 친구, 동급생 classmate	46
학생(초등 학생) pupil	204
학생(중·고·대학생) student	204
한국 Korea	118
한국의, 한국인의 Korean	118
(책 등의) 한 권 copy	52
한 번, 전에, 예전에 once	150
한복 Korean clothes	117
(종이 등의) 한 장 sheet	182
한 조각 piece	158

…할 것이다 will	241
할머니 grandmother	93
할 수 있다 can	38
함께 together	218
합격하다 pass	155
화산 volcano	233
화살 arrow	17
해, 년, 나이 year	247
해, 햇빛, 태양 sun	205
…해도 좋다, …할 수도 있다 may	132
해 보다, 노력하다 try	223
…해야 한다 must	141
핸들, 자루, 손잡이 handle	96
햄버거 hamburger	96
행동(하다), 연기(하다) act	11
행복한, 기쁜, 즐거운 happy	97
행운, 운수 luck	128
행진, 행진하다 march	131
헤어 드라이어 hair dryer	66
형제 brother	33
호랑이 tiger	216
호수, 못 lake	119
호스, 긴 양말 hose	103
호주머니 pocket	162
호텔, 여관 hotel	104
혹은, 또는 or	151
홀, 넓은 방 hall	95
확실한, 틀림없는 sure	206
환영, 환영하다 welcome	238
회색, 회색의, 우울한 gray	93
회합, 모임 meeting	133
훈련하다 train	221
휴가, 방학 vacation	227
휴일, 명절 holiday	102
흔들다, 흔들리다 swing	207
흥분시키다, 자극하다 excite	71
흰, 흰색 white	240
힘센, 강한 strong	203

지은이 **문 순 열**

세계미술문화교류협회 전문위원 및 한국본부 기획실장
(주)국민서관 편집부장, (주)삼성출판사 편집부장,
(주)예림당 편집실장, 성한출판주식회사 편집국장 역임
한국자연사진가협회 회장, 한국편집인협의회 간사,
한국동물보호연구회 이사, 도서출판 대연 대표
저서 : 《영어 단어 퍼즐》(도서출판 지식서관),
　　　《어린이 영어스쿨》(도서출판 은하수),
　　　《톡톡 튀는 영어》(도서출판 지식서관),
　　　《동식물 도감》(도서출판 은하수),
　　　사진 작품집 《들빛》(사진예술사),
　　　《한국 인물 사전》(주식회사 예림당),
　　　《세계 인물 사전》(주식회사 예림당) 외 다수

영어첫사전

지은이 / 문순열
펴낸이 / 이홍식
발행처 / 도서출판 지식서관
등록 / 1990. 11. 21 제96호
경기도 고양시 덕양구 고양동 31-38
전화 / 031)969-9311(대)
팩시밀리 /031)969-9313
e-mail / jisiksa@hanmail.net

20판 발행일 / 2023년 5월 1일

The Alphabet

세계의 국기

A a — America 미국
[ei 에이]
어메리카

B b — Brazil 브라질
[bi: 비]
브러질

C c — China 중국
[si: 씨]
차이너

D d — Denmark 덴마크
[di: 디]
덴마크

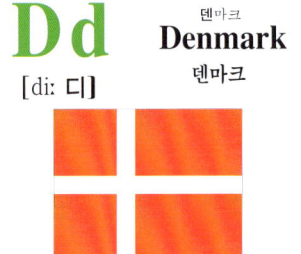

E e — England 영국
[i: 이]
잉글런드

F f — France 프랑스
[ef 에프]
프랜스

G g — Germany 독일
[dʒi: 지]
저머니

H h — Hungary 헝가리
[eitʃ 에이치]
헝거리

I i — Italy 이탈리아
[ai 아이]
이틀리

J j — Japan 일본
[dʒei 제이]
저팬

K k — Korea 한국
[kei 케이]
커리어

L l — Luxembourg 룩셈부르크
[el 엘]
럭셈버그